AF619225

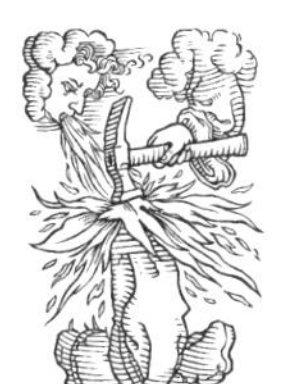

Gunnar Schmidt

Seiltänzer

Reflexionen über eine Daseinsmetapher

Schwabe Verlag

Bibliografische Information der Deutschen Nationalbibliothek
Die Deutsche Nationalbibliothek verzeichnet diese Publikation in der Deutschen Nationalbibliografie; detaillierte bibliografische Daten sind im Internet über http://dnb.dnb.de abrufbar.

Abbildung Umschlag: Bird Millman, 1920er-Jahre
Cover: icona basel GmbH, Basel
Korrektorat: Julia Müller, Leipzig
Layout: icona basel GmbH, Basel
Satz: Gunnar Schmidt, Hamburg
Druck: Prime Rate Kft., Budapest
Printed in the EU
Herstellerinformation: Schwabe Verlag, Schwabe Verlagsgruppe AG, St. Alban-Vorstadt 76, CH-4052 Basel, info@schwabeverlag.ch
Verantwortliche Person gem. Art. 16 GPSR: Schwabe Verlag GmbH, Marienstraße 28, D-10117 Berlin, info@schwabeverlag.de
ISBN Printausgabe 978-3-7965-5431-5
ISBN eBook (PDF) 978-3-7965-5432-2
DOI 10.24894/978-3-7965-5432-2
Das eBook ist seitenidentisch mit der gedruckten Ausgabe und erlaubt Volltextsuche. Zudem sind Inhaltsverzeichnis und Überschriften verlinkt.

rights@schwabe.ch
www.schwabe.ch

Inhalt

Vorwort

Anlässlich des 80. Todestages Dietrich Bonhoeffers warb die Hauptkirche St. Petri in Hamburg für eine Festveranstaltung mit Predigt und Chormusik (Abb. 1). Das Plakat an der Außenwand der Kirche zeigte einen Seilgeher, fotografiert aus der Froschperspektive, der mit offenen Armen in ein Zitat Bonhoeffers zu laufen schien: «Von guten Mächten wunderbar geborgen». Der unvoreingenommene Passant dürfte die Botschaft sogleich verstanden haben: Dem sinnbildlichen Menschen in gefährlicher Lage wird mit dem theologischen Hinweis auf die Güte Gottes versprochen, dass er den Sturz nicht zu befürchten braucht. Die werberische Anlage, die den weiten Himmel, den wagemutigen Menschen und das Numinose sinnhaft zusammenbindet, folgt traditioneller Rhetorik, die die Metapher als Überzeugungswerkzeug nutzt. Mit der Kraft der Bildlichkeit werden das Aussagen und die Aussage auf suggestive Wirkung getrimmt, die eine Zustimmung beim Rezipienten erzeugen soll. Im Falle des Plakats sorgen die kirchlich-theologische Rahmung und das Moment der Festlichkeit für Bedeutungsabsicherung.

Abb. 1: Plakat, 2025

Vorausgreifend auf die vorliegende Untersuchung zur Seiltänzermetapher ist dieser Oberflächensinn dekonstruktiv aufzubrechen.

Die Plakataussage ruht nicht nur im funktionalen Zusammenhang aktueller kirchlicher Festlichkeit. Der Name Bonhoeffers wie auch das Zitat verweisen auf einen Hintergrund, der weniger Licht spendet, als das Plakat verspricht. Der lutherische Theologe und Vertreter der Bekennenden Kirche, die sich den Versuchen der Vereinnahmung durch die Nationalsozialsten widersetzte, war Mitglied einer konspirativen Widerstandsgruppe und Befürworter des Tyrannenmordes. Bonhoeffer wurde 1943 verhaftet und 1945 hingerichtet. Das Textzitat entstammt dem geistlichen Gedicht «Von guten Mächten treu und still umgeben», das Bonhoeffer während der Gestapo-Haft verfasste und als die letzte theologische Äußerung vor der Hinrichtung gilt. Späterhin wurde der Text vertont und im Evangelischen Gesangbuch kanonisiert. Mit Wissen um den Entstehungskontext verändert sich der Blick auf das Plakat und wir erkennen im Seiltänzer den Gerichteten, der von Gewaltmenschen zu Tode gebracht wurde. Ihm gehört zwar noch das Wort, aber nicht mehr die Macht der Selbsterhaltung. Die letzte Anrufung Gottes ist die eines Gläubigen, der mit Jenseitshoffnung begabt ist: «Von guten Mächten wunderbar geborgen, / erwarten wir getrost, was kommen mag. / Gott ist bei uns am Abend und am Morgen / und ganz gewiß an jedem neuen Tag.»[1] Im Gegensatz zur schlichten Plakat-Botschaft hat Ludwig Wittgenstein 1948 in einem Aphorismus die Metapher des Seiltänzers in den Dienst genommen, um die prekäre Doppelbödigkeit des im Glauben Gefestigten zu charakterisieren: «Der ehrliche religiöse Denker ist wie ein Seiltänzer. Er geht, dem Anscheine nach, beinahe auf der Luft. Sein Boden ist der schmalste, der sich denken läßt. Und doch läßt sich auf ihm wirklich gehen.»[2] Im Falle Bonhoeffers bilden der Nationalsozialismus und der theologische Lyrismus eine heillose Konstellation, die das Gehen zu einem tragischen Wagnis werden lässt. Das Bild des Seiltänzers ist offen für variierende Daseinsdeutungen mit den möglichen Wendungen zwischen Selbst- und Fremdbestimmung, Katastrophe und Erlösung, gesellschaftlicher Positionierung und Außenseiterschicksal, Engelsflug und Ikarus-Sturz. Die Trostzeilen und der erhabene Mensch bleiben nicht ohne Widersacher, denn was Bonhoeffer erleben musste, war für andere Menschen der Grund für Glaubensverlust.

1 Evangelisches Gesangbuch, Kiel 1999, Lied 65.

2 Ludwig Wittgenstein: Vermischte Bemerkungen, Frankfurt a. M. 1977, S. 139–140.

Der Leitbegriff des vorliegenden Buches – Daseinsmetapher – ist Hans Blumenbergs Abhandlung *Schiffbruch mit Zuschauer* entlehnt. Sein Buch lässt er mit einer Grundsatzerklärung einsetzen:

> Der Mensch führt sein Leben und errichtet seine Institutionen auf dem festen Lande. Die Bewegung seines Daseins im ganzen jedoch sucht er bevorzugt unter der Metaphorik der gewagten Seefahrt zu begreifen. Das Repertoire dieser nautischen Daseinsmetaphorik ist reichhaltig.[3]

Reichhaltigkeit bedeutet Vielfalt der metaphorischen Bezüge und der die Semantik determinierenden Kontexte. Der Seiltänzer als Bildfassung des Bonhoeffer'schen Schicksals und als virtuelles Vorbild für den Menschen in aussichtsloser Lage liefert ein weiteres Beispiel für ein anderes, nicht-rhetorisches Metaphernkonzept. Was Blumenberg mit dem Begriff «absolute Metapher» zu fassen sucht, sind Verbildlichungen von Sachverhalten, die sich der unmittelbaren Anschaulichkeit entziehen.[4] Sie dienen nicht der Überzeugung, sondern als Reflexionsanreger und Imaginationshilfen.

Entscheidend an dem Blumenberg'schen Ansatz ist eine Voraussetzung: Die Metaphern haben eine Geschichte. Sie sind nicht statisch, sie tauchen in unterschiedlichen historischen Situationen auf, reagieren auf veränderte Herausforderungen und transportieren heterogene Wertungen. Die absoluten Metaphern «haben Geschichte in einem radikaleren Sinn als Begriffe, denn der historische Wandel einer Metapher bringt die Metakinetik geschichtlicher Sinnhorizonte und Sichtweisen selbst zum Vorschein [...].»[5]

Die Bild-Text-Kombination auf dem Plakat des Jahres 2025 liefert ein Material, an dem Blumenbergs theoretische Formulierung zur Interpretationsaufgabe wird: Das Plakat erschöpft sich nicht in seiner aktuellen Kommunikationsfunktion, wie es auch mehr ist als das geschönte Deckbild eines grausigen Todes oder die Idealrepräsentation des Menschen, der sich schicksalhaft herausgefordert sieht. Die Figur des Seiltänzers weist eine lange Geschichte der textlichen und ikonografischen Ausarbeitungen auf, in der ein vielstimmiger Semantikvorrat angesammelt wurde; die kirchliche Veranstaltungsan-

3 Hans Blumenberg: Schiffbruch mit Zuschauer. Paradigma einer Daseinsmetapher [1979], Frankfurt a. M. 2014, S. 9.

4 Hans Blumenberg: Theorie der Unbegrifflichkeit, Frankfurt a. M. 2007, S. 58.

5 Hans Blumenberg: Paradigmen zu einer Metaphorologie, Frankfurt a. M. 2013, S. 16.

kündigung ruht auf dieser unbewussten Sinnmasse. Blumenbergs Erkenntnis, dass der Schiffbruch als Szene mit landschaftlichen Requisiten, Personal, Handlungen, dramatischen Begebenheiten, Stimmungen und moralischen Zuschauern eine komplexe Metapher darstellt, liefert das Modell – in seinem Wort das «Paradigma» – für die historische Rekonstruktionsarbeit an der Seiltänzermetapher. Blumenbergs Sicht auf das Meer als Sphäre der Unbewohnbarkeit, Ungeheuerlichkeit und Herausforderungen wird ergänzt durch jene auf die Luft, traditionell das Bewahrmedium der übermenschlichen Mächte. Mit der Figur des Seiltänzers wird ein Übertritt symbolisiert, ein Sein auf schwankendem Grund, das auf ein Hantieren mit spezifischen Werkzeugen und Verzauberungstechniken angewiesen ist. Der Akteur zwischen Erhebung und Unfall, Selbstbeherrschung und Öffentlichkeitsorientierung bietet sich für die absolute Sinnbildlichkeitsfunktion an.

Die folgenden Kapitel sind chronologisch angeordnet, beginnend in der Frühen Neuzeit und endend im 21. Jahrhundert. Wiederkehrend wird auf die Sozialgeschichte der Seiltänzerei rekurriert, die jedoch nicht das Hauptanliegen der Analyse ist. Die gesellschaftliche Stellung und wechselnden Wertigkeiten der Artisten werden thematisiert, weil die realen Daseinsgegebenheiten Voraussetzungen für die Ausarbeitungen der Daseinsmetapher sind, deren Wirkungsbereich über die Sphäre der Artistik hinausgeht.

Das früheste behandelte Dokument mit der Darstellung eines Seiltänzers stammt aus dem Jahr 1515. Selbstverständlich gab es schon früher, im Mittelalter und in der Antike, Seilgeher. Aber erst in der Frühen Neuzeit entsteht ein verbreitetes Interesse an den Artisten, was zu ikonografischen, literarischen und philosophischen Würdigungen führte. Der Grund ist in einem Wandel der Unterhaltungsöffentlichkeit und der sich langsam entwickelnden Vorstellung vom Individuum zu finden. Gerade der letztgenannte Aspekt erweist sich als thematischer Fixpunkt. Die Koinzidenz von epochalem Aufbruch, der zur Moderne überleitet, und der Etablierung der Denkfigur des Artisten als Repräsentant des sich seiner selbst bewusst werdenden Subjekts erzeugt eine Dramatik, die sich an der Wechselhaftigkeit der Seiltänzersemantik nachvollziehen lässt: Durch die Epochen wird die Spannung zwischen gesellschaftlicher Anpassung und individuellem Freiheitsbegehren sowie Kompetenzgewinn in immer neuen Konstellationen mit der Figur des Seiltänzers veranschaulicht. Die Darstellung dieser Geschichte ist eine des Subjekts – seiner Hervorbringung, seiner Glorifizierung und prekären Beschaffenheit.

Traumtänzer

Der Seiltänzer verkörpert in inszenierter Dramatik eine anthropologische Grundbestimmtheit: Der aufrecht gehende Mensch lebt mit der Möglichkeit, in jedem Moment zu stürzen. Die künstliche Verknappung der Standfläche bringt die bewegungsphysiologische Tatsache zur Gewissheit, dass der Körper beständig um seinen Körperschwerpunkt schwingt. Durch Konzentration, Training und unter Zuhilfenahme der Balancierstange wird dem unmäßigen und gefahrbringenden Ausschwingen entgegengearbeitet. Schon das Atmen und der Herzschlag bewirken feinstes Schaukeln, was eine permanente ausgleichende Muskelaktivität erfordert. Krankheit, Müdigkeit, Altersschwäche oder Drogenwirkungen können das Spiel der Muskeln bis zu dem Punkt verderben, wo der Menschen zu taumeln beginnt und zu Fall kommt.

Der Mensch ist aber nicht nur physisch ein Schwankungswesen, auch seelisch oder moralisch kann er aus dem Gleichgewicht geraten. «Der Mensch ist ein riskantes Lebewesen», schreibt Hans Blumenberg, «das sich selbst mißlingen kann. [...] Er kann also gerade das verfehlen, was ihm der Sinn des Daseins zu sein scheint.»[1] Die Seilgeher sind aber nicht nur die Vermittler eines Bewusstseins, das Leben als Wagnis begreift, sie belegen mit ihrem Tun auch, dass noch unter widrigen Bedingungen der Stolz der Aufrechterhaltung gewährleistet werden kann.

Dass im Hintergrund das Unglück oder zumindest die Gefahr des Ungleichgewichts lauert, ist einem frühen Beispiel zu entnehmen. Der Konflikt zwischen anthropo-technischer Vollkommenheit und existenzieller Unsicherheitserfahrung findet sich in den frühen Schriften von René Descartes. Geschichtliche Erfahrung und Menschenbild-Erfindung weisen bei dem angehenden Philosophen eine symbolische Spannung auf, die ihren Ausdruck im Bild des Seiltänzers findet.

1 Hans Blumenberg: Beschreibung des Menschen, Frankfurt a. M. 2014, S. 550.

Abb. 2: Werbeflugblatt, 1796

Bekanntlich gehört Descartes zu den Begründern einer rationalen Naturbetrachtung und Wissenschaftsauffassung, in der auch das Leben einer technizistischen Versachlichung unterworfen wird. In seinem Hauptwerk *Abhandlung über die Methode* (1637) projiziert er diese Anthropologie in die Zukunft und prognostiziert – inspiriert von den mechanischen Errungenschaften seiner Zeit (Uhren, Orgeln, Wasserspiele, Mühlen, Fontänen) – Maschinen, die die Handlungen der Menschen nachahmen und sogar Wörter aussprechen werden.[2] Auch wenn die Automaten ohne Einsicht und ohne Kreativität wären, weil ihnen die Vernunft fehle, ähnelten sie gleichwohl dem Organprinzip des menschlichen Körpers (Abb. 2): Die Funktionen des Körpers gehen «nicht mehr und nicht weniger als die Bewegungen einer Uhr oder eines anderen Automaten» vonstatten.[3] Die These, dass Geist und Körper (*res cogitans* und *res extensa*) auf je eigenen Gesetzmäßigkeiten beruhen und dass es vielerlei Gliederbewegungen gibt, «ohne daß der Wille sie leitet»[4], hat zu nicht abreißenden philosophischen und medizinischen Debatten und Gegenkonzepten geführt.

Dieses Grundsatzproblem soll im Kontext der Seiltänzerfigur keine Rolle spielen, wiewohl an ihr zu studieren ist, dass die Seele durch den Körper zur

2 «Denn man kann sehr gut verstehen, daß eine Maschine so gebaut sein soll, Worte zu äußern, und man kann sogar verstehen, wenn sie einige Worte anläßlich körperlicher Vorgänge äußert, die irgendeine Veränderung in ihren Organen verursachen: etwa daß sie, wenn man sie an irgendeiner Stelle berührt, fragt, was man ihr sagen wolle, oder daß sie, berührt man sie an einer anderen Stelle, schreit, man tue ihr weh und dergleichen.» René Descartes: Abhandlung über die Methode, Hamburg 2011, S. 97.

3 René Descartes: Über den Menschen, Heidelberg 1969, S. 136.

4 Descartes: Abhandlung, S. 97.

Darstellung gelangt. Dazu ist an die Anfänge der Theoriebildung zurückzukehren. 1619, der Dreißigjährige Krieg hatte gerade begonnen, befindet sich der 23-jährige Descartes als Soldat des Herzogs Maximilian von Bayern auf kaiserlich-katholischer Seite. Vermutlich hat er nicht an Kampfhandlungen teilgenommen, doch bot ihm der Militärdienst Gelegenheit, Welterkenntnis jenseits der Bibliotheken zu erlangen. Während eines längeren Aufenthalts in Süddeutschland beginnt er Gedanken in ein Notizbuch zu schreiben, das Gottfried Wilhelm Leibniz Jahrzehnte später in Paris entdecken und mit dem Titel *Cogitationes privatae* versehen wird. Die von Leibniz erhaltenen Exzerpte stellen nur einen Teil des gesamten Textes dar, der bislang nicht vollständig rekonstruiert werden konnte.[5] Zwischen Beobachtungen, allgemeinen Gedanken zu Fragen der Erkenntnis und großenteils mathematischen Überlegungen findet sich eine technische Fantasie, in der ein automatischer Seiltänzer skizziert wird, der auf der Basis von Magnetismus, Spannung und kinetischer Energie das Laufen imitieren soll:

> Es soll eine Statue errichtet werden, die im Kopf und in den Füßen Eisen enthält. Diese Statue soll auf ein Seil oder einen ziemlich kleinen, aber magnetisierten eisernen Stab gestellt werden. Außerdem soll sich über dem Kopf dieser Statue ein anderes magnetisiertes Seil befinden, dessen Magnetkraft größer ist und an bestimmten Stellen (locus) unterschiedlich groß. Die Statue soll einen länglichen ausgehöhlten Stock von der Art der Seiltänzer in den Händen halten, der einen Draht enthält, der indessen wie ein Automat über ein inneres Prinzip der Bewegung verfügt. Immer wenn die Statue berührt wird, auch wenn es nur ganz leicht ist, bewegt die ganze Statue den Fuß nach vorne, und an Stellen, wo die Kraft des Magneten stärker ist, bewegt sie sich bei ganz leichter Berührung von selbst, wie beim Zupfen von [Musik]-instrumenten.[6]

Das Textstück enthält zu wenig an detaillierten technischen Ausführungen und Begründungen, um die Statue als realisierbar erscheinen zu lassen. Der Subtext zielt auf etwas anderes: Die Uhrmacherfantasie kann im Zeitkontext als Inbild eines neuen Konzepts des Seins gedeutet werden. Zur Erläuterung ist von der Musikinstrumentenanalogie der Bogen zu Descartes' musiktheoretischer Abhandlung *Musicae compendium* (1618) zu schlagen, worin er auf

5 Siehe Christian Wohlers: Einleitung, in: René Descartes: Regulae ad directionem ingenii. Cogitationes privatae, Hamburg 2011, S. XV–XXVI.

6 René Descartes: Regulae ad directionem ingenii. Cogitationes privatae, Hamburg 2011, S. 215.

die Seele eingeht. Auch wenn in dieser im Jahr vor den *Gedanken* entstandenen Studie vorrangig eine mathematische Proportionentheorie über die Töne, Intervalle und Harmonien ausgearbeitet wird, setzt sie präambelhaft wie folgt ein: «Abriss der Musik, deren Objekt der Ton ist. Ihr [der Musik] Ziel ist es, zu erfreuen und in uns verschiedene Affekte zu bewegen.»[7] Der artifizielle Tänzer gehört aufgrund seiner Wesensverwandtschaft mit einem Musikinstrument in den angedeuteten musischen Kosmos. Der swingende Körper transportiert utopische Energie in einer Zeit, die Millionen von Toten hervorbringen sollte. Die Bewegung als körperliche Grundtatsache und als Emotion bedeutet vor allem Lebendigkeit. Das Schwingen um einen Gleichgewichtspunkt ist ein physikalischer Tatbestand, der metaphorisch belastbar ist: Die periodische Bewegung der Saite schließt Missklang oder plötzlichen Abbruch aus (solange kein Impuls von außen auf die Saite einwirkt). Die umspielte Mitte repräsentiert Stetigkeit und Absehbarkeit im bewegten Lebensvollzug. Der Seiltänzer repräsentiert mit dieser doppelten Semantik eine Körperszene, die gegen Unergründlichkeit abschirmt und eine durchschaubare Maschination in Aussicht stellt.

Die an der Diskursoberfläche entworfene rationale und harmonische Vision von Körperlichkeit expliziert Descartes Jahre später in dem Traktat *Über den Menschen* (1632). Descartes hat diese Schrift zu Lebzeiten nicht veröffentlicht, weil er die Verfolgung durch die Inquisition fürchtete. Diesem Umstand ist es wohl auch geschuldet, dass er mit einem literarischen Trick arbeitet. Anders als der Buchtitel andeutet, handelt die Studie nicht vom Menschen, sondern von einer «Maschine […], die unserem Körper ähnlich ist.»[8] Innerhalb dieser Fiktion wird kein Wissenschaftler vorgestellt, der als Erfinder der Maschine verantwortlich zeichnet, sondern Gott. Damit ist jede Verantwortung delegiert und die Ingeniosität der höchsten Instanz zugewiesen.

> Ich stelle mir einmal vor, daß der Körper nichts anderes sei als eine Statue oder Maschine aus Erde, die Gott gänzlich in der Absicht formt, sie uns so ähnlich wie möglich zu machen, und zwar derart, daß er ihr nicht nur äußerlich die Farbe und die Gestalt aller unserer Glieder gibt, sondern auch in ihr Inneres alle jene Teile legt, die notwendig sind, um sie laufen, essen, atmen, kurz all unsere Funktionen nachahmen zu

7 René Descartes: Compendium Musicae, Hildesheim, Zürich, New York 2022, S. 59.

8 Descartes: Über den Menschen, S. 43.

> lassen, von denen man sich vorstellen könnte, daß sie aus der Materie ihren Ursprung nehmen und lediglich von der Disposition der Organe abhängen.[9]

Descartes musste damit rechnen, dass die philosophische Science Fiction trotz der rhetorischen Vorsichtsmaßnahme eine Kränkung des religiösen Menschen darstellen würde. An die Stelle der göttlichen Einhauchung einen zweiten Schöpfungsakt mit magnetischen Kräften und mechanischen Apparaturen treten zu lassen, durch die ein Mensch zweiter Ordnung in die Welt gebracht würde, verhüllt nur ungenügend die subtextuelle These, dass der Mensch erster Ordnung nach diesem Modell funktioniere.[10] Und warum sollte Gott sich genötigt sehen, eine minderwertige Version der Schöpfung herzustellen? Impliziert eine solche Annahme nicht gotteslästerliche Züge?

Hans Blumenberg hat darauf hingewiesen, dass Blaise Pascal und Leibniz Rechenmaschinen nicht wegen eines primären Nutzeffekts erfunden hätten, sondern um die «Tätigkeitsweise der menschlichen Vernunft» zu veranschaulichen: «Diese Maschine ist ein Argument, kein Instrument – oder erst sekundär ein solches.»[11] Diese Veranschaulichungslogik gilt auch für Descartes' Maschinentheorie, die nichts anderes als eine Anthropo-Simulation darstellt.

Der Android als philosophische Denkfigur wurde zu einem Zeitpunkt entwickelt, als nicht nur der technisch-handwerkliche Hintergrund genügend Inspirationspotenzial bereithielt. Der weltanschauliche Ordnungsschwund und die Zunahme an Kontingenz in Gestalt des Dreißigjährigen Krieges war furchtbar und fruchtbar zugleich, denn der Verlust von Selbstverständlichkeiten bildete die Voraussetzung für gedankliche Kreativität. Descartes' Denken stellt das auffälligste Symptom dieses Zwiespalts aus Verunsicherung und Neuorientierung dar. 1619 war offenbar ein dichter Moment, in dem die Vorstellungskraft noch etwas ungeordnet zu arbeiten beginnt. Als Descartes seine rudimentäre Fantasie vom Seiltänzer formulierte, war er zwar Katholik in einer katholischen Armee, hatte jedoch 1616 seine militärische Ausbildung in der holländischen Armee unter dem Calvinisten Moritz von Nassau-Oranien erhalten. Zwischen den weltanschaulichen Fronten verloren Selbstverständ-

9 Ebd., S. 44.

10 Fast genau 200 Jahren später beschreibt Mary Shelley in ihrer Gothic Novel *Frankenstein* (1818), welchen Schrecken ein Kunstmensch verbreiten kann. Heute, 400 Jahre nach Descartes, vermögen KI-gesteuerte Humanroboter noch Schockreaktionen hervorzurufen.

11 Hans Blumenberg: Geistesgeschichte der Technik, Frankfurt a.M. 2009, S. 76.

lichkeiten, Ordnungen und Vorbilder ihre Zweifelsfreiheit. In der Abhandlung über die Methode wird Descartes selbstbewusst feststellen: «Über die Philosophie werde ich nur sagen: Ich sah, daß sie von den hervorragendsten Geistern betrieben worden ist, die in mehreren Jahrhunderten gelebt haben. Dennoch findet sich in ihr nichts, worüber man nicht streitet und das folglich nicht zweifelhaft ist.»[12] 1629 emigrierte er nach Holland, wo er im protestantischen Amsterdam ungefährdet von kirchlicher Verfolgung seine Studien betreiben konnte. Dass der erwachte Eigensinn aus einer Krise erwachsen ist, lässt sich an der Seiltänzer-Vision ablesen. Es fällt auf, dass die spätere, bis ins Detail ausgearbeitete Version des mechanischen Menschenmodells die artistische Illustration aus der Frühzeit nicht mehr enthält. Es hat den Anschein, als verfüge der exzentrische Spezialfall über Bedeutungsnuancen, die in der Systematisierung keinen Platz finden.

Die singuläre Stellung des mechanischen Gleichgewichtskünstlers erfährt eine Relativierung, wenn man das Textfragment im Kontext jener drei berühmten Träume liest, die Descartes im gleichen Jahr hatte, genauer, in der Nacht vom 10. zum 11. November. Ursprünglich waren die Traumerzählungen Teil der *Privaten Gedanken*, befanden sich also in räumlicher, zeitlicher und gedanklicher Nähe zum Seiltänzer. Die nächtlichen Visionen des «radikalen Ich-Sagers»[13] markieren den Akt des Bruchs mit der Tradition und den Entschluss zum philosophischen Neuanfang. Überliefert wurden die Träume durch Adrien Baillet, der sie in seiner Lebensbeschreibung des Descartes (1691) referiert, woraus zu schließen ist, dass der Biograf Zugang zu dem vollständigen Manuskript der *Privaten Gedanken* hatte. Der erste Traum ist der dramatischste und bringt das Motiv des Gehens auf wackeligem Grund zur Darstellung:

> Nachdem er eingeschlafen war, fühlte seine Anschauung sich bedrängt von der Darstellung einiger Trugbilder, die ihn in Angst versetzten, indem sie ihn glauben ließen, er laufe die Straßen entlang und sei gezwungen, sich auf die linke Seite zu neigen, um an den Ort gelangen zu können, zu dem er gehen wollte; denn er fühlte eine große Schwäche auf der rechten Seite, und konnte sich auf ihr nicht aufrecht halten. Beschämt davon, in dieser Weise voranzuschreiten, machte er einen anstrengenden

12 Descartes: Abhandlung, S. 15.

13 Durs Grünbein: Ich-AG des neuen Denkens. Gespräch mit Alexander Kluge (2004), online: https://www.dctp.tv/filme/prime-time-20-06-2004 (zuletzt aufgerufen 25.11.2025).

> Versuch, sich wieder aufzurichten: aber er fühlte einen heftigen Wind, der ihn in eine Art von Wirbel hineintrug und ihn sich drei oder vier Male auf dem linken Fuß herumdrehen ließ. Das aber war es noch nicht, was ihn in Angst versetzte. Die Schwierigkeit, die er damit hatte, sich voranzuschleppen, ließ ihn glauben, bei jedem Schritt hinzufallen. Dann erblickte er auf seinem Weg eine geöffnete Lehranstalt und trat in sie ein, um dort Unterschlupf und eine Arznei gegen seine Beschwerden zu finden. Er versuchte, die Kirche der Lehranstalt zu erreichen, denn sein erster Gedanke war, dort hinzugehen, um sein Gebet zu verrichten. Aber da er feststellte, daß er an einem Menschen, den er kannte, vorbeigegangen war ohne ihn zu begrüßen, wollte er umkehren, um ihm Höflichkeit zu erweisen, aber er wurde mit Gewalt von dem Wind zurückgestoßen, der zur Kirche hin wehte. Im selben Augenblick sah er in der Mitte des Hofes der Lehranstalt eine andere Person, die ihn in höflichen und verbindlichen Worten mit seinem Namen herbeirief und ihm sagte, daß, wenn er Herrn N. aufsuchen wolle, er ihm etwas zu geben habe. Herr Descartes stellte sich vor, daß es eine Melone war, die man aus irgendeinem fremden Land herbeigebracht hatte. Was ihn aber vor allem überraschte, war, zu sehen, daß die Leute, die sich mit dieser Person um ihn herum versammelt hatten, um sich zu unterhalten, aufrecht und fest auf ihren Füßen standen, er aber auf demselben Untergrund immer noch gekrümmt und schwankend dastand; und daß der Wind, der gedacht hatte, ihn mehrere Male umzuwerfen, sehr nachgelassen hatte. Bei dieser Anschauung erwachte er und fühlte sogleich einen wirklichen Schmerz, der ihn befürchten ließ, daß dies alles die Einwirkung irgendeines bösen Geistes war, der ihn hatte verführen wollen.[14]

Das Traum-Ich wird von dem Sturm der Geschichte erfasst, der das Subjekt aus der Bahn wirft, herumreißt, und in ihm Angst vor dem Stürzen hervorruft. Alles ist hier versammelt, was einmal Sicherheit gewährleistete und nicht mehr zur Verfügung steht: Bildung, Medizin, Gebet. Das hilflose Ich wird in die Kirche gestoßen, vermeintlicher Ort der letzten Wahrheiten. Die Gläubigen stehen tatsächlich fest und aufrecht, während der Verwehte weiterhin schwächelt und schwankt, obwohl der Wind längst zur Ruhe gekommen ist.

Der Traum übersetzt die psychische Krise des Traditionsverlusts und des erlebten Zweifels am Wissen in ein körperliches Geschehen. Das persönliche Schicksal des jungen Descartes ist nicht zu trennen von der gesamtkulturellen Situation: Das Traumbild fungiert als ein Emblem für die Unruhe und Geworfenheit in einer vom Religionskrieg heimgesuchten Welt. Im zweiten

14 Adrien Baillet: Olympica (Auszug aus: *La Vie de Monsieur Descartes*) [1691], in: René Descartes: Abhandlung über die Methode, Hamburg 2011, S. 173–187, hier: S. 175–177.

Traum kommt es denn auch zu einem Donnerschlag und zu Feuerfunken – ein Zerstörungsbild. Wie in einer dialektischen Bewegung beruhigt sich alles im dritten Traum, der von Büchern handelt, von Wissenschaft und Poesie. In einem der geträumten Gedichte heißt es: «Welchen Lebensweg werde ich einschlagen?»[15] Damit ist das Motto ausgegeben für die Selbsterzeugung des rationalen Philosophen.

Der träumende Denker ist vom Seil gestürzt, das ihn bis dahin getragen hatte: Büchergelehrsamkeit, Theologie, antike Mythen, Logik. Die Seiltänzervision liest sich wie der vierte Traum, in dem der Wunsch nach Ausbalanciertheit, störungslosem Funktionieren und gelassener Bewegtheit Gestalt findet. Aufgehoben darin sind die gegensinnigen Vorstellungen von Automatizität und Autonomie. Der Gleichmut des Automaten versinnbildlicht das ausgeglichene Subjekt. Descartes wählt eine Gestalt aus der Lebenswelt, die einerseits über antrainierte Selbstbeherrschung verfügt und dem Sturz widersteht, gerade weil sie sich der Gefahr des Fallens aussetzt. Andererseits nimmt sie im Gesellschaftsgefüge eine Position außerhalb der Standesordnung ein. Im Seiltänzer erfindet Descartes eine Metapher für sich selbst: Ein randständiges Subjekt, befreit von beengenden Ideologien und Windrichtungen, geht unbeirrt seinen eigenen Weg. Auf gerader Linie voranzuschreiten, unangestrengt, mit musischem Schwingen, Anfang und Ziel vor Augen, bedeutet Ich-Stabilität in stürmischer Zeit. Wie hatte Descartes es formuliert? Der Automat verfüge über «ein inneres Prinzip der Bewegung». Damit ist mehr gemeint als ein physiologischer Lebensprozess.

15 Ebd., S. 179, 181.

Gesellschaft und Individuum

Zwischen 1657 und 1662 schreibt Blaise Pascal seine *Pensées*, die, wenngleich weitaus umfangreicher und das Ende des intellektuellen Lebens markierend, in ihrem Charakter des Unfertigen und der aphoristischen Verknappung den frühen Gedanken Descartes ähneln. Geistesverwandte sind diese Zeitgenossen aufgrund ihrer Betroffenheit angesichts des Glaubenskrieges, der weltanschaulichen Auseinandersetzungen und der Machtverschiebungen.[1] Die schwer zu ordnenden und zuweilen Deutungsprobleme aufwerfenden Fragmente der *Pensées* stellen Dokumente eines Philosophierens dar, das, konfrontiert mit Ordnungsschwund und Chaosdrohung, nach einem Standpunkt sucht.

Die Zentralbegriffe des Pascal'schen Diskurses sind *Macht*, *Kraft*, *Gewalt* und *Begierde*, die leitmotivisch die Momente der Unruhe, des Konflikts und der Weltbeeinflussung zum Ausdruck bringen. Pascal untersucht die Verhältnisse der Freiheit und des Unterworfenseins, in denen Politik, Gesellschaft, Individuum, Natur, Seele und letztlich Gott Mitspieler sind. Vor allem fungiert das Wort Gewalt als Chiffre für Dominanzbegehren. Es entfaltet sein Feuer in allen möglichen Bereichen: Pascal kennt die Gewalt der Könige, der Furcht, der Fliegen, der Fantasie, der Überzeugungen, der Regeln, der Gnade, der Triebe wie auch des Triebverzichts, des Schmerzes, des Geistes und des Willens: «Die Begierde und die Gewalt sind die Quelle aller unserer Handlungen: die Begierde bildet die freiwilligen, die Gewalt die unfreiwilligen.»[2] Pascal malt ein Historienbild, in dem das Gegeneinander von Interessen und

---

1 Eine «Liste mit den Kriegen und Schlachten im 17. Jahrhundert», https://de.wikipedia.org/wiki/Liste_von_Kriegen_und_Schlachten_im_17._Jahrhundert (zuletzt aufgerufen 25.11.2025).

2 Blaise Pascal: Gedanken, Fragmente und Briefe, Erster Theil, 2. Auflage, Leipzig 1865, S. 212.

Triebwünschen dramatisch zur Ansicht gebracht wird. Die Menschenschau weist Züge illusionslosen Pessimismus auf, der angesichts der Christgläubigkeit Pascals geradezu abgrundig ist: «Alle Menschen hassen sich von Natur aus gegenseitig. Man bedient sich so gut als möglich der bösen Begierde, um sie in den Dienst des öffentlichen Wohles zu nehmen; doch dieses ist nur List und ein falsches Bild der christlichen Liebe. Denn im Grunde ist es nur Haß.»[3] Man kann in dieser Sentenz den Nachhall der politischen Philosophie Thomas Hobbes' vernehmen, der zeitgleich den in Bürgerkriegen verstrickten Menschen ein Raubtierdasein attestiert.[4]

Pascals Reflexionen, so dunkel sie sich teilweise geben, sind nicht in Gänze von der Krankheit des Missmuts affiziert. Im Folgenden soll weder die implizite Anthropologie rekonstruiert noch sollen die großen Linien der sozialphilosophischen Überlegungen und deren Verbindungen zu anderen zeitgenössischen Konzepten aufgezeigt werden.[5] Stattdessen wird eine motivische Mikrologie gewürdigt, die sowohl Nähe als auch Differenz zu Descartes veranschaulicht. Auf dem Spiel steht das Verhältnis von beweglichem Individuum und konservativer Gesellschaft.

Während Descartes in Holland eine anonyme Existenz führt und in der Freiheit des einsamen Denkens die Idee des autonomen Ichs und der «inneren Bewegung» entwickelt, thematisiert Pascal in einigen Fragmenten das Wechselspiel zwischen Individuum und gesellschaftlicher Umwelt. Er hierarchisiert die Vielheit der Individuen, indem er die mit Weisheit begabten Menschen von denen mit weniger oder gar keiner Weisheit unterscheidet. Wir können annehmen, dass sich Pascal zu den Vollweisen zählt, doch ist er bescheiden

3 Ebd. S. 216.

4 «*Der Mensch ist dem Menschen ein Gott* und *Der Mensch ist dem Menschen ein Wolf.* Ersteres, wenn wir die Mitbürger untereinander, und Letzteres, wenn wir die Staaten vergleichen. Im ersten Fall nähert man sich mit Gerechtigkeit und Hochschätzung den Tugenden des Friedens, der Ähnlichkeit mit Gott; im zweiten Fall müssen selbst die Guten, wenn sie sich schützen wollen, wegen der Verkommenheit der Bösen Zuflucht nehmen bei der Tugend des Krieges, der Gewalt und der List, d. h. bei der Raubsucht eines wilden Tieres.» Thomas Hobbes: De Cive / Vom Bürger [1642], Stuttgart 2017, S. 7.

5 Ausführlich dazu Hans Blumenberg: Das Recht des Scheins in den menschlichen Ordnungen bei Pascal, in: Philosophisches Jahrbuch, 57 (1947), S. 413–430. Dieser frühe Text Blumenbergs ist auch vor dem Hintergrund der außerordentlichen deutschen Erfahrung mit Krieg und Faschismus zu lesen.

und wirklichkeitsfest genug, um daraus keinen Anspruch auf Ruhm abzuleiten. In einem Fragment beschreibt er die Kluft zwischen den kreativen Individuen und den zahlenmäßig überlegenen «Stärksten». Die Szene ähnelt der Dramatik in Platons *Höhlengleichnis*, wo die unwissenden Gefesselten den wissenden Freiluftmenschen auslachen und mit dem Tod bedrohen.[6]

> Das ist die Wirkung der Gewalt, und – nicht der Gewohnheit; denn die, welche Erfindungsgabe besitzen, sind selten; die der Zahl nach Stärksten wollen nur folgen, und versagen den Ruhm diesen Erfindern, welche ihn durch ihre Erfindungen suchen. Und wenn sie darauf beharren, diesen Ruhm erhalten zu wollen, und die verachten, welche nicht erfinden, so werden die Andern ihnen lächerliche Namen geben, oder Stockprügel. So bilde man sich also auf diesen Scharfsinn eben Nichts ein, oder lasse sich an sich selbst genügen*.[7]

Entstammt der Appell an die Erfinder, Bescheidenheit und Selbstzufriedenheit zu üben, traditioneller Tugendlehre? Pascals Realitätssinn legt nahe, dass er die Schicksale Giordano Brunos, Galileo Galileis und René Descartes' im Sinn gehabt haben mochte, die aufgrund ihrer Absage an den weltanschaulichen Mainstream ihre Leben riskierten. Es scheint, als nähere sich Pascal in der Anerkennung des Individuums seinem Zeitgenossen Descartes an.

Dieser Eindruck wird relativiert, wenn er an die Stelle der Erfinder die «großen Menschen» treten lässt, die in einem Verhältnis der Abgehobenheit zu den «gewöhnlichen Menschen» stehen. Die Erstgenannten sind die Herrscher, denen das Volk zu folgen hat. Der Vorstellung, dass die Führer mit einer ausgeprägten Tugend ausgestattet sein müssten, da man Vorbildlichkeit

6 «Aber wenn er nun, während sein Blick noch verdunkelt wäre, wiederum im Erraten jener Schattenwelt mit jenen ewig Gefangenen wetteifern sollte, und zwar ehe seine Augen wieder zurechtgekommen wären – und die zu dieser Gewöhnung erforderliche Zeit dürfte nicht ganz klein sein –: würde er da nicht ein Gelächter veranlassen, und würde es nicht von ihm heißen, weil er hinaufgegangen wäre, sei er mit verdorbenen Augen zurückgekommen, und es sei nicht der Mühe wert, nur den Versuch zu machen, hinaufzugehen? Und wenn er sich gar erst unterstände, sie zu entfesseln und hinaufzuführen, – würden sie ihn nicht ermorden, wenn sie ihn in die Hände bekommen und ermorden könnten? Ja, gewiß, antwortete er.» Platon: Sämtliche Werke, Bd. 2, Berlin 1940, S. 251.

7 Der Asterisk verweist auf einen Herausgeberkommentar: «Der Anfang dieses Fragments hängt offenbar mit einem vorangehenden Gedanken zusammen, der verloren gegangen ist.» Pascal: Gedanken, S. 205–206.

von ihnen erwarten darf, widerspricht Pascal. Er legitimiert sogar die Macht der Erhabenen mit dem Argument, dass deren Fehler sie mit allen Erdwesen verbindet:

> Man glaubt nicht ganz und gar in den Fehlern der gewöhnlichen Menschen zu liegen, wenn man sich in den Fehlern dieser großen Menschen sieht; und doch bedenkt man hierbei nicht, daß Jene hierin eben zu der gemeinen Menge herabsinken. Man hält sich an sie an dem Theil, der sie mit dem übrigen Volk einigt, denn wie hoch sie auch immer erhaben sein mögen, so haben sie doch immer einen Punkt der Berührung mit den niedersten Menschen. Sie schweben nicht in der Luft, ganz losgetrennt von unserer Gesellschaft. Nein, nein. Wenn sie größer sind als wir, so kommt dieses daher, daß sie ihr Haupt stolzer als wir erheben; aber ihre Füße stehen ebenso niedrig als die unsrigen. Sie sind Alle hier auf dem gleichen Niveau, und stützen sich alle auf dieselbe Erde; und durch dieses Eine Ende sind sie ebenso niedrig als wir, als die Kleinsten, als die Kinder, als die Thiere.[8]

Das Textstück zeichnet sich durch eine konsistente Metaphorik aus, die dazu dient, gesellschaftliche Stellung, individuelle Außerordentlichkeit und Moral miteinander zu verschnüren. Das deutsche Wort *erhaben* konnotiert eine philosophische Tiefe, die vom nachgesetzten *erheben* zurückgenommen wird. In der französischen Originalfassung liest man in beiden Fällen lediglich *élevée* und nicht *sublime*. In beiden Sprachen wird gleichwohl die semantische Wechselhaftigkeit zwischen politischer, sozialer und intellektueller Herausgehobenheit aus der Gewöhnlichkeit nivelliert. Die Unschärfe der Bedeutung wird durch die Metaphern des Schwebens und der Luft noch verstärkt, um die Sphäre der Weltferne zu diskreditieren. Pascals rhetorischer Kniff, dass doch alle Wesen unabhängig von ihrer gesellschaftlichen und kulturellen Ausstattung Erdlebewesen seien – und dies ganz unmetaphorisch meint –, mag wie ein demokratisches Argument erscheinen; es dient aber vor allem dazu, das etablierte weltliche Ordnungsprinzip als rechtmäßig anzuerkennen. Pascals Rhetorik spielt die Seinstatsache, dass alle Menschen nicht in der Luft, sondern auf der Erde leben, gegen gesellschaftliche Ungleichheit und Herrschaftsansprüche aus, die unangetastet bleiben. Wie schon im Falle der Erfinder geht es ihm um eine Beruhigung in den spannungsvollen Verhältnissen. *Luft* als Metapher für eine Sphäre freier Geistigkeit und Verantwortungslosigkeit ist

8 Ebd., S. 204.

für Pascal ein Medium der Trennung zwischen den Wenigen und den Vielen. Trennung bedeutet Unfrieden: «Der größte Unsegen ruht auf Bürgerkriegen; diese müssen nothwendig ausbrechen, wenn man das Verdienst belohnen will; denn Alle werden behaupten, daß sie Verdienste haben.»[9]

Das Stichwort *Luft* führt zu einem Fragment, in dem Pascal den Seiltänzer auf die Bühne des Diskurses treten lässt. Mit ihm kann er seine Gedanken zur politischen Ethik vertiefen, wobei er der Figur jedoch anders als Descartes einen ambivalenten Charakter zuweist. Der Kurztext zeichnet sich durch eine sprunghafte und elliptische Argumentation aus, was frühere Herausgeber vor erhebliche Deutungsprobleme gestellt hat. In Verbindung mit den angeführten Zitaten gewinnt er jedoch Plausibilität:

> Gewalt, und nicht Ueberzeugung, ist die Königin der Welt; aber die Überzeugung bedient sich der Gewalt. Die Gewalt bildet die Ueberzeugung. Die Weichheit ist schön nach unserer Ansicht. Warum? Weil der, welcher auf dem Seile tanzen wollte, allein wäre, und ich will eine größere Rotte von Leuten bilden, die behaupten, daß dies nicht schön sei.[10]

Nicht nur das vermittlungslose Nebeneinander von Politik (Gewalt), Rhetorik (Überzeugung) und Ästhetik (Schönheit) erschwert das Verständnis, schon zwischen dem ersten und zweiten Satz scheint ein Widerspruch zu bestehen. Auch leuchtet nicht ein, warum die Weichheit zunächst als schön, dann jedoch als nicht schön bezeichnet wird. Erklärlich werden die Paradoxien, wenn man, wie es neuere Kommentatoren vorschlagen, in dem Fragment eine Dialogstruktur aus Aussage und Einwand erkennt.[11] Die Weichheit und Schönheit, die sich mit dem Seiltanz verbinden, ist eine Empfindung der Masse, die das

9 Ebd., S. 173.

10 Ebd., S. 205. «La force est la reine du monde, et non pas l'opinion. Mais l'opinion est celle qui use de la force. C'est la force qui fait l'opinion. La mollesse est belle selon notre opinion. Pourquoi ? parce que qui voudra danser sur la corde sera seul, et je ferai une cabale plus forte de gens qui diront que cela n'est pas beau.» https://www.penseesdepascal.fr/XXIII/XXIII10-moderne.php (zuletzt aufgerufen 25.11.2025).

11 Ich beziehe mich auf die *Édition électronique des Pensées de Blaise Pascal* von Dominique Descotes und Gilles Proust, online: https://www.penseesdepascal.fr/XXIII/XXIII10-approfondir.php (zuletzt aufgerufen 25.11.2025). Allerdings folge ich nicht der Interpretation der Herausgeber, wonach die erste Person nicht Pascals Gedanken ausdrücken würde, sondern die Gedanken des Volkes, als ob eines seiner Mitglieder sprechen würde.

Schwierige und Bewunderungswürdige als Kunst erlebt. Dieser Haltung steht die Pascal'sche Antithese gegen, die den Luftartisten als Repräsentanten eines solipsistischen Seins entwirft. In dieser Perspektive wird die Ähnlichkeit mit Descartes' Seiltänzerfantasie sichtbar; denn beide Entwürfe stimmen darin überein, dass der Tänzer auf dem Seil das Symbol einer Existenz jenseits des gesellschaftlichen Zusammenhangs darstellt. Descartes' Allegorie des störungsfreien schwingenden Gangs entspricht der Weichheits- und Schönheitsvorstellung. Pascal stellt diese Konzeption unter Kritik, weil die ästhetische Seinsweise sich nicht mit Politik versöhnen lässt; mit dem Freigeist, der über den Köpfen der Menge seine Kunststücke aufführt, ist keine Gemeinschaft herzustellen. Glaubt dieser Hochflieger, zu den «großen Menschen» oder den Erfindern zu gehören, ist er zu den potenziellen Friedensstörern zu rechnen. Aus diesem Grund bekennt sich Pascal zur Gewalt der Überzeugung, aus der die Verbindung zwischen Menschen gewonnen werden muss. Die Gemeinsamkeit im Glauben generiert Gesetzlichkeit, außerhalb derer kein Leben denkbar ist.[12] So sehr man den Seiltänzer bewundern mag, er verkörpert in seiner Kunst nichts, das sich auf das Leben auf dem Erdgrund anwenden ließe. Der Akt des Balancehaltens ist ein Ausdruck der Selbstgenügsamkeit, ist eine Verfassung, in der sich das Subjekt ausschließlich auf sich selbst verlässt (Abb. 3). Man ahnt, dass sich hier der Typus des modernen Künstlers abzuzeichnen beginnt, dem man einerseits die Freiheit des geniehaften Exzentrikers, des Regelverletzers oder gar des Wahnsinnigen zuerkennt, dem man aber auch mit Skepsis begegnet.

Pascal ist ein Realist der Macht, aus der seine anti-cartesianische, Ich-kritische Haltung entspringt. In einem Aphorismus bringt er seine Gegenposition offen zur Sprache, die wie ein direkter Widerspruch zum magnetischen Äquilibristen gelesen werden kann: «Das kann ich Descartes nicht vergeben: er wäre gern in seiner ganzen Philosophie ohne Gott fortgekommen; aber er konnte sich nicht enthalten ihn einen Anstoß geben zu lassen um die Welt in Bewegung zu setzen, nachher hat er nichts mehr mit Gott zu thun.»[13] Des-

12 Siehe den Kurzkommentar zu diesem Fragment von Vivetta Vivarelli: «Wo der Fels selbst schaudernd zur Tiefe blickt». Nietzsches «Abgründe», in: Zeitschrift für Ideengeschichte, Heft V/2, Sommer 2011, S. 5–17, hier: S. 16.

13 Blaise Pascal: Gedanken über die Religion und einige andere Gegenstände, übersetzt von Karl Adolf Blech, Berlin 1840, S. 202.

cartes' Wort von der «ganz leichten Berührung wie beim Zupfen von Musikinstrumenten», die den Automaten belebt und den Eindruck von Zartheit vermittelt, erzeugt bei Pascal Verachtung. Innerhalb von circa vierzig Jahren hat sich die Figur der Erlösung in eine der asozialen Eigensinnigkeit verwandelt. Die konkurrierenden Allegorisierungen der Seiltänzerfigur veranschaulichen, wie Sinn zur wechselbaren Münze im historischen Tauschhandel wird – und im Streit der Weltanschauungen zum Einsatz kommt.

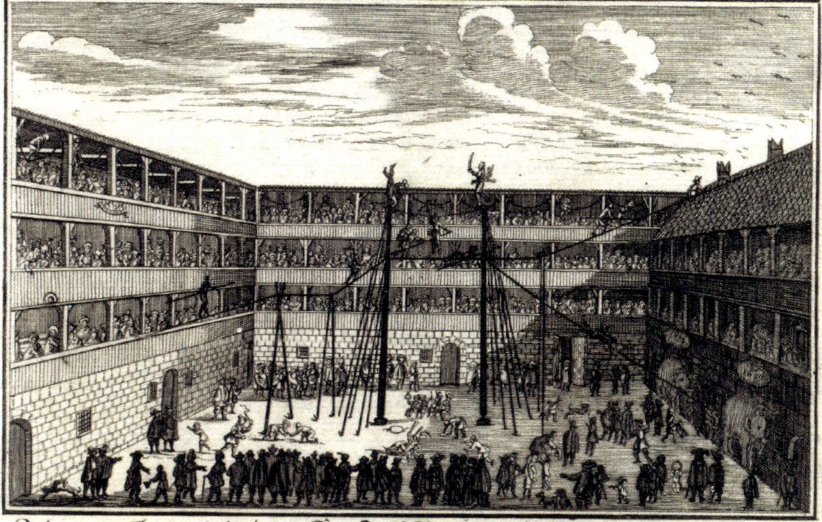

Abb. 3: Johann Andreas Graff: *Das Fechthaus in Nürnberg, mit dem wunderbaren Sail-Tanzer.* A° 1652, c. 1680

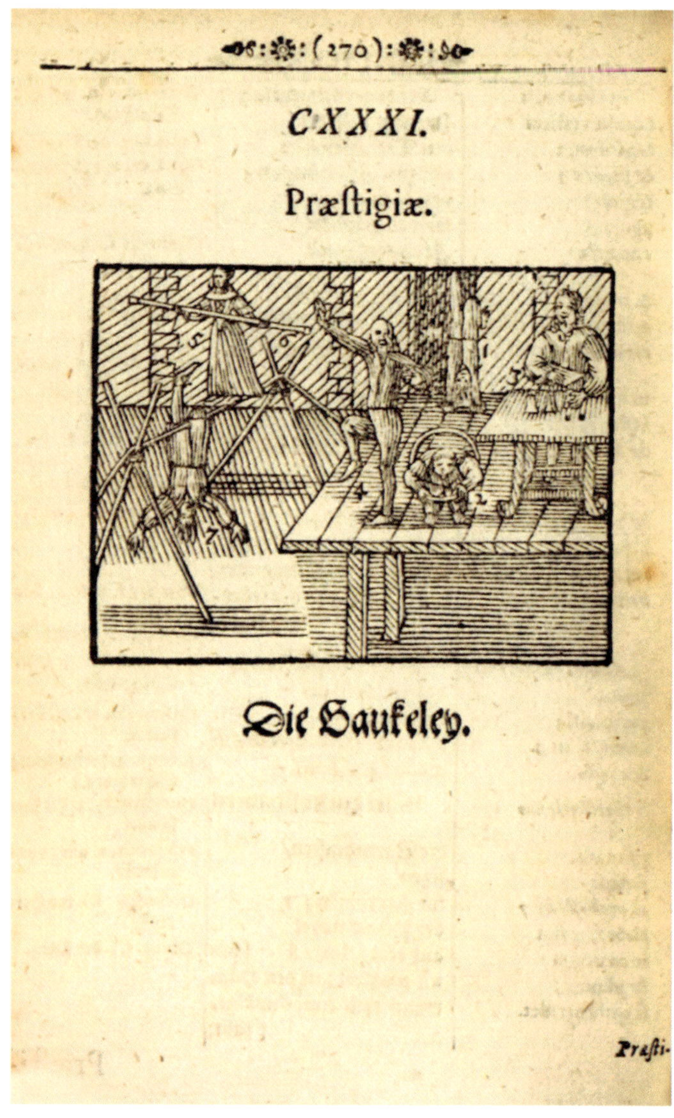
(270)

CXXXI.

Præſtigiæ.

Die Gaukeley.

Præſti-

Abb. 4: Johann Amos Comenius: *Orbis sensualium Pictus*, 1664

Vertikalspannung

Descartes' und Pascals politische Allegorien, die den Seiltänzer in ein Idealbild und ein Objekt der Kritik zerteilen, werfen die grundsätzliche Frage auf, warum die Artistenübung in der rhetorischen Funktion des Sinnbildes Philosophiewürdigkeit erlangen konnte. Die besondere Stellung des Seilgehers in der Wirklichkeit sowie sein historisch gewachsenes Image zum Zeitpunkt der medialen Wertschätzung müssen Voraussetzungen geliefert haben, um Aussageklarheit bei gleichzeitiger Interpretierbarkeit zu gewährleisten. Die theoretischen Konzepte bedienen sich eines semantischen Vorrats, der auf den Plätzen und Märkten gefunden werden konnte, wo die Kunst, «auf einem ausgespannten seile tanzend einher zu gehen»[1], für Bewunderung beim Publikum und für den Lebensunterhalt der Artisten sorgte.

Ein erster Hinweis auf die historische Semantik findet sich bei einem prominenten Zeitgenossen der französischen Philosophen. Der christlich-humanistische Pädagoge Johann Amos Comenius vermochte mit seinem erfolgreichen Lehrbuch *Orbis sensualium pictus* (1658) bis ins 19. Jahrhundert hinein, die Kinder nicht nur mit der lateinischen Sprache vertraut zu machen, sondern ihnen in enzyklopädischer Manier alle möglichen Aspekte des Lebens in Schrift und Bild nahezubringen. Zu der sichtbaren Welt zählt Comenius auch «Praestigiae», die «Gauckelei». Comenius zeigt eine Szene, in der versammelt sind ein Taschenspieler und ein Artist, der auf Händen geht, durch einen Reifen springt und maskiert ein Tänzchen aufführt. Ebenso gehört in die Reihe der Volksbelustiger der Seiltänzer, über den Comenius schreibt, dass er «gehet und hüpffet auf dem Seil / haltend in der Hand die Gewichtstange oder hänget

1 «SEILTÄNZER, m.», Jacob Grimm, Wilhelm Grimm: Deutsches Wörterbuch, digitalisierte Fassung im Wörterbuchnetz des Trier Center for Digital Humanities, Version 01/23, www.woerterbuchnetz.de/DWB/seiltänzer.

sich an eine Hand oder Fuß».[2] Wo der Text den Singular benutzt, zeigt der Holzschnitt eine Frau und einen Mann, wie sie die Kunststücke ausführen (Abb. 4).

Der Text erscheint unverfänglich, doch kann man in ihm noch den Nachhall früherer Jahrhunderte vernehmen. Die Zusammenstellung der sehr unterschiedlichen Professionen unter dem Terminus *Gaukelei* folgt einer Tradition, die das öffentliche Amüsement in ein Zwielicht zwischen heller Freude und dunkler Liederlichkeit stellt. Ein Jahr vor der Veröffentlichung von *Orbis sensualium pictus* erscheint *Eröffnete Güldene Sprachen-Thür: Oder Pflantz-Garten aller Sprachen und Wissenschafften* (1657), in dem Comenius ausführlicher auf die «Scherz- (und kurzweiligen) Spiele» eingeht. Das Entertainment lobt er als Maßnahme, die erschöpften Menschen zu erquicken.[3] Neben Schauspiel, Schimpfreden, Ballspielen, Glücksspiel, Tanzen und anderen Lustbarkeiten werden auch die Kunststücke der Gaukler erwähnt, die die Zuschauer mit Geschick betrügen. Explizites Lob erfahren aber andere: «Die Ringer/die Kämpffer die Lufftspringer sind warlich erlicher massen kühn: noch kühner aber die Seiltänzer (linienflieger.)»[4] Nach Comenius' Auskunft findet das alles sowohl für die «vornehmsten» als auch für die «gemeinen Völcklein» statt.[5] Das Sittenbild wird distanziert beschrieben, worin nur dezent aufscheint, dass mal niedere, mal höhere Qualitäten des erholsamen Erlebens angesprochen werden. Dass der Tummelplatz mit den «kurzweiligen sachen»[6] nicht rundweg Akzeptanz fand, kommt in einem Kommentar aus dem Jahr 1663 zum Ausdruck, in dem zu lesen ist: «und kommen nun zur kirchmess leyrendreher, sackpfeiffer, huren und buben, kesselflicker, seiltantzer, gauckeler, und ander leichtfertig gesind.»[7] Eine zeitgenössische Illustration in Adriaen Pietersz van de Vennes *Tafereel van de belacchende Werelt* (Szene der lachenden Welt) veranschaulicht das Ungezügelte und Derb-Volkstümliche einer Kirmes. Dass die Publikation in satirischer Übertreibung sich über die

2 Johann Amos Comenius: Orbis sensualium pictus, Noribergae 1664, S. 271.

3 Johann Amos Comenius: Eröffnete Güldene Sprachen-Thür: Oder Pflantz-Garten aller Sprachen und Wissenschafften, Franckfort u.a. 1657, Eintrag 939.

4 Ebd., 945.

5 Ebd., 954.

6 Ebd., 939.

7 Zit. n. Grimm: Deutsches Wörterbuch.

Abb. 5: Adriaen Pietersz van de Venne: *Tafereel van de belacchende Werelt*, 1635

menschlichen Schwächen und Laster lustig macht, bestätigt eine dahinterstehende Wirklichkeit (Abb. 5). Die im Sprung befindliche Seiltänzerin im Gewand einer gesellschaftlich höherstehenden Frau[8] parodiert die Pascal'schen «großen Menschen», die sich hoch über das «übrige Volk erhaben» denken, während sie in Wirklichkeit zu den Knaben im Hintergrund gehört, die Kaspereien am Seil veranstalten.

Die Identifizierung des Artisten mit Betrügern, Verführern und amoralischen Akteuren geht auf das Mittelalter zurück, in der Menschen, die nicht ins ständische System passten, den Status der Rechtlosigkeit zugewiesen bekamen. Im Paragraf 38 des ersten Buches des *Sachsenspiegels*, des bedeutenden Rechtsdokuments aus dem 13. Jahrhundert, ist zu lesen, wer als rechtlos anzusehen ist: «Gewerbmäßige Kämpfer und ihr Kinder und alle unehelichen Kinder und Spielleute und solche, die Gestohlenes oder Geraubtes dem Gericht

8 Man vergleiche das Kostüm mit Frans Hals' *Portret van een onbekende vrouw* (1638).

als Hehler entziehen.»[9] In einem späteren Rechtskommentar des Paragrafen wird deutlich, wer mit Spielleute gemeint ist: «es handelt sich um Leute, die ein verächtliches Gewerbe treiben: […] die Seiltänzer, Jongleurs, fahrenden Schauspieler u.s.f. Sieht und hört sie das Volk auch gern, so verachtet es sie doch im Grunde seines Herzens, sie dienen zu seiner Belustigung, aber man lacht über sie, sie gewinnen niemandem Achtung ab.»[10] Die Auflistung der Rechtlosen spiegelt sich in den Gauklern bei Comenius. Die Ambivalenz aus Wertschätzung und Ächtung entsprach der Kluft zwischen Lebenswirklichkeit mit ihren Begehrlichkeiten und kirchlichen Moralnormen. Der Mittelalterhistoriker Alwin Schultz schreibt: «Alle diese Künstler waren sehr beliebt: selbst Kirchenfürsten wie der Erzbischof Wichmann von Magdeburg erfreuten sich gern an ihren Schauspielen, wenn auch sonst, wie gesagt, die Geistlichkeit officiell solche Unterhaltungen verdammte. Sie mussten früher sogar in den Kirchen, in den Vorhallen derselben, auf den Kirchhöfen ihr Wesen getrieben haben, da ihnen dies 1287 ausdrücklich untersagt wird.»[11]

Noch in der Frühen Neuzeit zeichneten sich die Jahrmärkte durch ihre schillernde Vielfältigkeit aus: Nicht nur trafen alle Stände aufeinander, auch Randgruppen, die nicht immer das ehrliche Geschäft im Sinn hatten, gehörten zum Erscheinungsbild. Wenngleich Aufklärer und puritanische Geistlichkeit für Verbote der verfemten Menschen plädierten, war eine Regulierung der Marktaktivitäten kaum möglich.[12] Im Laufe der Zeit differenzierten sich jedoch die kommerziellen Unterhaltungsangebote aus, was zu einer Anerkennung der kühnen «linienflieger» führte. Die Gegenüberstellung zweier Bildwerke gibt Auskunft über diesen Prozess.

---

9 Der Sachsenspiegel, übers. v. Gustav Rotermund, Hermannsburg 1895, S. 36.

10 Andreas Heusler: Institutionen des Deutschen Privatrechts, Erster Band, Leipzig 1885, S. 193.

11 Alwin Schultz: Das höfische Leben zur Zeit der Minnesinger, Leipzig 1889, S. 573. In dem kirchlichen Statut, auf das sich Schultz bezieht, heißt es: «Wir befehlen auch, dass Spaßmacher, Schauspieler, Tänzerinnen in der Kirche, auf dem Friedhof oder in deren Vorhalle, bei Prozessionen oder in den Bittgängen ihre Späße oder Possen nicht treiben und an den genannten Orten keine Tänze stattfinden.» Übersetzung aus dem Lateinischen durch ChatGPT.

12 Ausführlich dazu Richard van Dülmen: Kultur und Alltag in der Frühen Neuzeit, Zweiter Band, Dorf und Stadt 16.–18. Jahrhundert, München 1992, S. 148ff.

Abb. 6: Johann Theodor de Bry: *Emblemata secularia*, 1596

1596 erscheint Johann Theodor de Brys *Emblemata secularia*, in der «lustige neuwe Kunststück»[13] zur erheiternden Betrachtung angeboten werden. Eine Druckgrafik mit dem Titel *Amatores funambuli* (Die Liebhaber des Seiltanzes) zeigt eine «Bulerin», die ihre Verführungsmacht missbraucht (Abb. 6). In einem Gedicht spricht diese «Dirn»[14] davon, dass sie alle Männer, die ihr auf das hohe Gerüst nachsteigen, zu Narren macht: Die Angelockten stürzen ab oder fallen in eine riesige Narrenkappe. Bei den unglücklichen Bewerbern handelt es sich um Bauern und Handwerker, die der Verführerin nicht gut genug sind; lieber wartet sie auf einen «Schnaußhan», dem sie ein Messer zu geben gedenkt, der den «Weg alsbald entzwey [schneidet] / Daß er mein rechter Haußmann sey.»[15] Mit dem Begriff *Schnaußhan* wird in der Frühen Neuzeit ein junger Mann bezeichnet, der prahlerisch auftritt, was ein Hinweis darauf ist, dass die «Dirn» nicht auf der Suche nach seriöser Verbindung ist. Die gockelhafte Gestalt mit dem lächerlichen Hut, dem wohl das Messer in die Hand gedrückt werden soll, repräsentiert den Aufschneider, der es allerdings mit einer armseligen Dame in zerschlissenem Kleid zu tun hat. Sie ist entgegen dem Anschein keine Souveränin auf dem Seil, denn einer der abgewiesenen «Buler» prophezeit ihr, dass sie dem Teufel verfallen wird. Die Verkörperung des Bösen sät die Samen des Unglücks, aus denen ein Dornengestrüpp erwächst. Im Hintergrund ist zu sehen, wie die Frau geprügelt wird, während der Teufel eine Trommel dazu schlägt.

13 Johann Theodor de Bry: Emblemata secularia mira et jucunda, Francofortum 1596.

14 Ebd., S. 27.

15 Ebd.

Abb. 7: Jean Berain, Philippe Behagle: Tapisserie, c. 1700 (Detail)

Der Seiltanz der Frau ist das Symbol der Überheblichkeit, Eitelkeit und der Dummheit – Untugenden, die unweigerlich in die Hölle führen. Die Grafik steht noch im Bann der mittelalterlichen Tugendlehre, die die Vertikalstrebung des Menschen als Anmaßung brandmarkt. Der künstlerische Kniff, das Artistengerüst auf einem geflügelten Globus ruhen zu lassen – Symbol für die Verbindung von irdischer und himmlischer Sphäre –, verhöhnt die Profanität des wackeligen Gestells. Das aufgespannte Seil verspricht weder soziale Hochstellung noch Artistenvirtuosität oder Erfindergeist oder gar spirituelle Erhöhung.[16] Im Gegenteil, der Absturz ist allen, die sich hinaufbegeben, vorgezeichnet.

Die Druckgrafik verhöhnt zwar die Figuren, sie deutet damit aber auch an, dass die Menschen aufgrund ihrer Triebstruktur illusionsempfänglich sind, dass Armut zu dreistem Verhalten führen und Unverstand in Lächerlichkeit umschlagen kann. Der Stand auf dem Seil ist bezeichnend für all jene, die sich den Bedrängnissen und Unsicherheiten der Existenz ausgesetzt sehen. Der, der auf dem Seil geht, wird zum Symbol für die Unzuverlässigkeit der Existenz. Die Darstellung aus dem ausgehenden 16. Jahrhundert bedient die etablierte Vorstellung, dass die Seiltänzerei zu den niederen und amoralischen Tätigkeiten gehört. Diese Sichtweise ändert sich im Laufe von hundert Jahren. Auf einem luxuriösen Wandteppich, der von Jean Berain entworfen und in der Manufaktur Philippe Behagles gewebt wurde, erscheint die Figur des *funam-*

16 Unter dem Lemma «Seiltänzerin» vermerkt das Grimm'sche Wörterbuch: «seil-täntzerin ist eine leichtsinnige weibes-person, so in dem lande herum ziehet und ihre kunst auf dem strassen oder schweng-seil zu tantzen, öffentlich um geld sehen läst.»

bulus (*funis*=Seil, *ambulare*=gehen) in vollständig veränderter Umgebung, Erscheinung und Bedeutung. Die Tapisserie zeigt eine aristokratische Kunstwelt, eine üppig mit Schmuck, Musik, exotischen Tieren, Emblemen und Blumen dekorierte Innenwelt. In dem Bild der Idealisierung aus Friedfertigkeit und Genuss, Müßiggang und Sorglosigkeit wird eine Utopie entworfen, in der alles, was das 17. Jahrhundert ausgemacht hatte, vergessen zu sein scheint. Auf dem linken Bilddrittel (Abb. 7) musizieren in fantasievoller Verkleidung ein Narr und ein Gaukler, die nichts mehr mit dem Geschehen auf den Plätzen der Dörfer und Städte zu tun haben. Sie begleiten einen Artisten, der wie schwerelos auf einem steil aufgespannten Seil in die Höhe steigt. In diesem Reich der Überfülle scheint das Unwahrscheinliche möglich zu sein. Nicht der Sturz, sondern das Hochfliegen als ästhetischer Selbstzweck signalisiert Leicht-Sinn ohne moralische Wertung. Der Jahrmarkt als «Sinnbild weltlichen Lebens»[17] wird in der aristokratischen Kunst aufgehoben. Zwei verspielte Putti, die ebenfalls Kunststückchen auf dem Seil vorführen, bestärken die Bedeutung der vergnüglichen Weltfremdheit (Abb. 8). Gereinigt von allem, was verdächtig und zweideutig erscheinen könnte, erfährt der Artist in erwählter Idylle des Schmuckgobelins eine Neubewertung.

Abb. 8: Jean Berain, Philippe Behagle: Tapisserie, c. 1700 (Detail)

Die Ausdifferenzierung des Gauklertums in Falschspieler einerseits und auf Professionalisierung drängende Artisten andererseits bereitete den Boden für die Autonomisierung der Kunst. Soziale Bedingung der Aufwertung war das Bedürfnis nach Divertissement in der höfischen Kultur. Ein Beispiel für

17 van Dülmen: Kultur und Alltag, S. 151.

die Vielgestaltigkeit des Programms, in dem die Seiltänzer einen wichtigen Platz einnahmen[18], liefert ein Bericht aus dem Jahr 1623. Anlässlich des Besuchs des polnischen Königs Sigismund III. in Danzig war man bemüht, ihn «durch Aufzüge und Lustbarkeiten zu ergötzen». Über mehrere Tage wurde der König mit Feuerwerk, diversen Tänzen, Fechtern, Bärenjagd, Wasserspiel, Akrobaten und Musik unterhalten. An einem Nachmittag «ward auff der Linien (Leine) gedantzet, und waren 2 Mägdlein, so allerley Galliarten, Passameso und Intraden dantzten.»[19]

Abb. 9: Anonym: *Badischer Prinz als Seiltänzer* (Kostümbild), c. 1700/1706

Aber auch umgekehrt transportierten die Jahrmarktsartisten das höfische Gepräge: «Die Wortführer der Künstlergruppen» bezeichneten «sich hochtrabend als *maître*» und bezogen sich «auf die Symbole eines galanten Zeitalters.»[20] Der emblematische Charakter der Figur auf dem Bildteppich, die in unmöglicher Lage zu gehen vorgibt, entspringt der Herrschaftlichkeit des Hofes. Hier, «in der absoluten Übersehbarkeit und Ordnung des Gebändigten, in der vollkommenen Harmonie der Teile im Ganzen, in der Eleganz der bewegten Ornamentierung»[21] artikuliert sich die höfische Selbstzucht in Gestalt dezidierter Aggressionsabwesenheit. Ein etwa zur selben Zeit entstandenes kleines Gemälde

18 Ebd., S. 203.

19 Zit. n. Johannes Bolte: Das Danziger Theater im 16. und 17. Jahrhundert, Hamburg, Leipzig 1895, S. 57–58.

20 Wolfgang Wüst: Divertissement, in: Werner Paravicini (Hg.): Höfe und Residenzen im spätmittelalterlichen Reich. Bilder und Begriffe, Ostfildern 2005, S. 505–508, hier: S. 507.

21 Norbert Elias: Die höfische Gesellschaft, Frankfurt a.M. 1983, S. 339.

mit Kind verleiht dieser Enthobenheit Nachdruck durch die Überblendung von Artistenfigur und Adelskörper (Abb. 9): Es zeigt einen badischen Prinzen, der im Kostüm eines Seiltänzers auf einer Linie zu balancieren scheint. Der Adel eignet sich die volkstümliche Figur für die Ausstellung der klassentypischen Preziosität an, die im Tänzerischen und in der *Mode à la Turc* zum Ausdruck kommt.[22] Mit dem Mittel der Ästhetisierung wird die Figur umgedeutet: Durch die pazifistische Distanzierung von der Vergangenheit und von den Realverhältnissen des Jahrmarktes fungiert sie als Antithese zum traditionellen Moralismus. Der Wandteppich dignifiziert den Aufstieg und den zivilisatorischen Möglichkeitsgewinn mit dem Darstellungsmittel der Fantastik. 1675 schreibt Gottfried Wilhelm Leibniz einen kurzen Text, der diese Geisteshaltung im Modus der Utopie veranschaulicht. «Drôle de Pensée, touchant une nouvelle sorte de représentations» skizziert in schnellen Strichen eine Institution, in der Wunderkammer, Akademien der Wissenschaften und der Künste, öffentliche Vorführungen und Theater, Bibliotheken und Labore zusammenfinden, um technische, künstlerische und wissenschaftliche Errungenschaften zu feiern. Zu den Angestellten dieser inter- und transdisziplinären Institution sollen «Maler, Bildhauer, Zimmerleute, Uhrmacher und ähnliche Fachleute [...], Mathematiker, Ingenieure, Architekten, Gaukler, Quacksalber, Musiker, Dichter, Buchhändler, Drucker, Graveure und andere» gehören. Leibniz scheut sich nicht vor Vermischungen und fantasiert einen Sensationalismus, in dem der Mensch als multibegabter Artist entworfen wird. In Gedanken collagiert Leibniz das Zusammenspiel des Heterogenen, wenn er schreibt: «Die Aufführung könnte immer mit irgendeiner Geschichte oder Komödie verbunden sein. Theater der Natur und der Kunst. Fechten. Schwimmen. Außergewöhnlicher Seiltänzer. Gefährlicher Sprung. Zeigen, wie ein Kind ein großes Gewicht mit einem Faden hebt. Anatomisches Theater. Kräutergarten.»[23] Der *Danseur de cordes* ist nur einer unter den Demonstrateuren des Aufschwungs,

22 Siehe zum Kontext Nina Trauth: Orientalische Maskeraden im Porträt der Markgräfin Franziska Sibylla Augusta von Baden-Baden (1675-1733), in: Gabriele Baumbach, Cordula Bischoff (Hg.): Frau und Bildnis 1600–1750. Barocke Repräsentationskultur an europäischen Fürstenhöfen, Kassel 2003, S. 81–109.

23 Gottfried Wilhelm Leibniz: Drôle de Pensée, touchant une nouvelle sorte de représentations, in: ders.: Leibnizens nachgelassene Schriften physikalischen, mechanischen und technischen Inhalts, Leipzig 1906, S. 246–252, hier: S. 247.

doch haben sich die Nachbarschaften deutlich veredelt. Alle sind zu einem Zweck angetreten: Sie sollen den «Menschen die Augen öffnen, sie zu neuen Erfindungen anregen, ihnen neue Perspektiven bieten und sie über eine Vielzahl von nützlichen oder kreativen Neuerungen unterrichten.»[24] Die *amüsanten oder merkwürdigen Gedanken* Leibnizens propagieren den Optimismus des Fortschritts und der Subjekterweiterung. *Extraordinaire* hat nicht nur der Seiltänzer zu sein, generell gilt die Order, die Ordnung zu übersteigen.

Die allmähliche Absonderung der Figur vom dubiosen Jahrmarktsentertainer hin zu einer Gestalt des Eigensinns ist nicht nur Sache der Oberschicht, auch jenseits der höfischen Exklusivität lässt sich ein Wandel beobachten. Eine wichtige Quelle für diesen Prozess ist das Volksbuch *Till Eulenspiegel*, das 1510 erschien und sich im 16. Jahrhundert über mehrere Ausgaben und Übersetzungen zu einem europäischen Bestseller entwickelte. Eulenspiegel ist ein Schalk, ein Picaro – kein Hofnarr –, der alle Gesellschaftsschichten bereist, um dort Schadenfreude auf Kosten der Ständevertreter zu genießen: Bauer, Handwerker, Pfarrer, Patrizier sowie Herzog, Graf und Fürst sind nicht sicher, Opfer von entlarvenden Scherzen zu werden. Eulenspiegel riskiert dabei auch Verbannung und Todesstrafe.[25]

Die Geschichte des Till beginnt mit der Erfahrung existenzieller Not. Da sein Vater stirbt, müssen seine Mutter und er von Gespartem leben, das bald aufgebraucht ist. Wer arm ist, muss arbeiten. In denkbar knapper Rhetorik weiß der Erzähler jedoch zu berichten: «Eulenspiegel wollte kein Handwerk lernen und war doch schon etwa 16 Jahre alt. Aber er tummelte sich und lernte mancherlei Gauklerei.»[26] Der Text liefert keine Hinweise auf das «mancherlei», es ist allein die Seiltänzerei, die Till heimlich auf dem Dachboden trainiert. Als die Mutter ihn einmal beim unnützen Tun entdeckt, will sie ihn strafend mit einem Knüppel schlagen. In dieser Konfrontation wird deutlich, dass der Junge keine Ambitionen auf ehrbare Arbeit hegt, er hat sich

24 Ebd., S. 251.

25 Werner Wunderlich sieht in der Figur «zerstörerische Kräfte» am Werk, die «die Welt aus den ständischen Angeln heben wollen». Till Eulenspiegel: Zur Karriere eines Schalksnarren in Geschichte und Gegenwart, in: Monatshefte, Vol. 78, No. 1 (Spring, 1986), S. 38–47, hier: S. 43.

26 Hermann Bote: Ein kurzweiliges Buch von Till Eulenspiegel aus dem Lande Braunschweig [1515], Frankfurt a.M. 1984, S. 32.

zielgerichtet auf eine exzentrische Position außerhalb der erwarteten Norm zubewegt. Seine Asozialität bringt ihn nicht nur in Konflikt mit der Mutter, er muss auch schmerzhaft erfahren, dass das Ansinnen auf Artistentum von der städtischen Gemeinschaft belacht wird. Sein erster öffentlicher Auftritt soll ein Seilgang über die Saale sein. Viele Leute kommen, neugierig auf sein «wunderliches Treiben».

> Als nun Eulenspiegel auf dem Seil im besten Tummeln war, bemerkte es seine Mutter; und sie konnte ihm nicht viel darum tun. Doch schlich sie heimlich hinten in das Haus auf den Boden, wo das Seil angebunden war, und schnitt es entzwei. Da fiel ihr Sohn Eulenspiegel unter großem Spott ins Wasser und badete tüchtig in der Saale. Die Bauern lachten sehr, und die Jungen riefen ihm laut nach: ‹Hehe, bade nur wohl aus! Du hast lange nach dem Bade verlangt!›[27] (Abb. 10)

Das Kappen des Seils und die Kränkung wirken nicht erzieherisch auf Eulenspiegel, vielmehr fühlt er sich von Rachegelüsten befeuert. Nochmals spannt er ein Seil über die Saale und fordert Jung und Alt auf, ihm den linken Schuh zu geben, da er beabsichtige, damit «ein hübsches Stück auf dem Seil zu zeigen».[28] Freigiebig überlässt man ihm die Schuhe, die er auf eine Schnur zieht. Als er auf dem Seil über der erwartungsfrohen Gesellschaft sitzt, zerschneidet er die Schnur, geradeso wie seine Mutter sein Seil durchtrennt hatte. Die hinabfallenden Schuhe sorgen für heilloses Chaos, weil jeder seinen Schuh sucht, es zu Verwechslungen und Streit zwischen den Menschen kommt. Till lacht hämisch und verschwindet im Haus, das er für vier Wochen nicht verlassen wird (Abb. 11). Die Mutter freut sich über diese Anhänglichkeit, allerdings kennt sie «nicht die Geschichte mit den Schuhen und wußte nicht, daß er wegen dieses Streichs nicht

Abb. 10: Unbek. Meister: *Ein kurtzweilig lesen von Dyl Vlenspiegel*, 1515

27 Ebd., S. 33.

28 Ebd., S. 34.

Abb. 11: Unbek. Meister: *Ein kurtzweilig lesen von Dyl Vlenspiegel*, 1515

wagte, vors Haus zu gehen.»[29] Die so problemlos erzeugte Zwistigkeit in der Gemeinschaft zeigt, wie schwach der Gemeinsinn ausgebildet ist. Der Künstler als Provokateur betreibt Gesellschaftsanalyse (griech. *analýein*, auflösen).

Bereits hundert Jahre vor Descartes erscheint mit Eulenspiegel ein Subjekt, das die gesellschaftliche Hierarchie und die Dogmen der Herrschaft unterminiert. Die Platzierung des Seilgeher-Motivs am Beginn der Erzählung verleiht ihm paradigmatischen Charakter. Bildhaft wird die Vertikalitätsspannung zwischen Subjekt und Gesellschaft ausgemessen, ohne dabei das damit verbundene Risiko zu verschweigen. Der Grat, auf dem Eulenspiegel wandelt, ist schmal, doch wird der Held im Laufe der Erzählung wieder und wieder belohnt.

Historisch bedeutend ist, dass im Zusammenhang mit dem Publikationszeitraum des Werkes Martin Luther die 95 Thesen (1517) veröffentlichte, womit die Reformation eingeleitet wird, und der Bauernkrieg von 1524 bis 1526 die Fragilität des Feudalsystems verdeutlichte. In der gleichen Epoche etablierte der Humanismus das Konzept des schöpferischen Individuums. Eulenspiegel spielt die Rolle des karnevalesken Aufrührers; er ist der Prototypus des Situationsproduzenten, der nie um eine Idee verlegen ist. Der Erfolg des Buches rührt wohl nicht zuletzt aus der Tatsache, dass ein neues Subjekt vorgeführt wird, eines des radikalen Individualismus, in dem die Krisen- und Aufbruchstimmung am Ende des Mittelalters szenisch Gestalt findet. Dieser Individualismus ist nicht ohne Kampf zu haben; der positiven Rezeption stehen klerikale und weltliche Mächte gegenüber, die das Buch mit harscher Kritik versehen und mit Verbot belegen.[30]

29 Ebd.

30 Siehe Wunderlich: Till Eulenspiegel.

Die auffällige Ambivalenz der Seiltänzerfigur im 16. und 17. Jahrhundert als Schalk und Herrschaftskritiker einerseits und als empathieloser Einzelgänger andererseits korrespondiert mit seiner gesellschaftlichen Marginalität. Über die spezifische kulturelle Situation hinaus vermag der Künstler aufgrund dieser Stellung Faszination auszuüben. Die artistische Selbsterhöhung kann Fantasien des freien Lebens befeuern und Subkulturen zwischen ästhetischer und terroristischer Existenz inspirieren.

Das Sein zwischen Extremen, zwischen hoch und niedrig, Adel und Außenseitertum, Ideal und Wirklichkeit steht einer Lebensform gegenüber, die andere Horizonte im Blick hat als Erregungs- und Todesappetit. Das Modell der Grenzerfahrung, der ekstatischen Verkünstlichung und des einkalkulierten Scheiterns an der Höhe entspricht nicht den Leitgedanken der bürgerlichen Rationalität. Die Nüchternheit des Bürgertums, dessen Anstrengungen auf eine Lebensplanung jenseits des puren Überlebenswillens ausgerichtet sind, folgt nicht dem Prinzip der «Vertikalität», dem sich das exzentrische Subjekt verpflichtet sieht, sondern dem der «Horizontalität». Ludwig Binswanger hat diese beiden «anthropologischen Bedeutungsrichtungen» ermittelt, um zwei Formen der Seinsrealisierung zu beschreiben. Während die «praktische Lebensführung» auf Weite, Welterkundung und Übersicht – auch in temporaler Hinsicht – ausgerichtet ist, gilt der «Zug in die Höhe [...] dem dramatischen Abmessen, Abwägen, Vergleichen und dem aus ihm entspringenden Entscheiden und Leiden, kurz der ‹problematischen› *Vertiefung* des Selbst [...]»[31] Die Horizontalisten investieren in Zukunftsorientierung, einschließlich der Vorstellbarkeit des Zu-Erreichenden. Dem steht der Künstler mit seinem Streben nach unabsehbarer Höhe und einhergehend mit Selbsterhöhung gegenüber, einschließlich der Möglichkeit des Sturzes in den Abgrund. Peter Sloterdjik, Binswanger folgend, diagnostiziert jenen, die zwischen Höhe und Tiefe agieren, eine konditionelle Neigung zur Überschätzung:

> Nur beim Vordringen ins Ungekonnte und Ungesicherte tritt die Sturzproblematik auf – sei es, daß der Akteur auf eigene Gefahr etwas unternimmt, wozu er die Technik nicht besitzt, sei es, daß er Neues versucht, was aufgrund seiner Unerprobtheit nicht gekonnt werden kann.[32]

---

31 Ludwig Binswanger: Henrik Ibsen und das Problem der Selbstrealisation in der Kunst, Heidelberg 1949, S. 48–49.

32 Peter Sloterdijk: Du mußt dein Leben ändern, Frankfurt a.M. 2009, S. 277.

Abb. 12: Caspar Luyken: *Der Seil-Tantzer*, 1711

Binswangers anthropologische Verallgemeinerung[33] der Strukturmomente Weite/Höhe hat eine Vorgeschichte, die auf gesellschaftliche Typendifferenzierung drängt. Ein Holzschnitt aus dem Beginn des 18. Jahrhunderts präsentiert den *Seil-Tantzer* als das Symbol, das dem Maß der Mitte und Ausgewogenheit widerspricht (Abb. 12). Die Bildüberschrift setzt den Ton: «Zu wenig und zuviel, verderbt des Lebens Spiel«. Die beigefügten Verse erläutern das Motto: «Die Freud und Traurigkeit sind Seile, / daran das Herz bald auffwerts steigt, / bald wieder sich zur Tieffe neigt, / Weil hier nichts dauret lange Weile. / Soll nun kein / Maneken Schaden bringe, / so haltet Maß in allen Dingen.»

Caspar Luyken zeigt ein bürgerliches Publikum, wie man es in Amsterdam, wo der Künstler lebte, antreffen konnte. Während die Zuschauer offenbar recht gefasst auf festem Boden stehen und angesichts der Vorführung wenig enthusiasmiert zu sein scheinen, hält der «Tantzer» auf einem Bein gerade noch sein Gleichgewicht.

Ein ikonografisches Gegenstück mit einer ähnlichen Botschaft ist der Kupferstich *Southwark Fair* (1733) von William Hogarth. Der dargestellte Jahrmarkt war eine feste Institution in London, er fand in den Jahren 1462 bis 1762 jeweils im September statt. Anders als auf dem holländischen Holzschnitt bebildert Hogarth eine lärmende, brodelnde Situation voller emotionaler Bewegtheit. Zusammengefunden hat sich eine bunt gemischte Menschenmenge aus Stadt- und Landbevölkerung, aus Musikern, Gauklern und Schauspielern, die sich den Gefahren des ausgelassenen Verhaltens aussetzt:

33 Die Motive des Fallens und Stürzens vertieft Binswanger in: Traum und Existenz [1930/1947], Bern, Berlin 1992.

Abb. 13: William Hogarth: *Southwark Fair*, 1733

Eine Bühne bricht zusammen und droht, die Menschen darunter zu verletzen; angedeutet werden Betrug, Gewalt und Prostitution (Abb. 13).

Über allem hängt ein Seilkünstler an schlaffem Tau. Mit ausgebreiteten Armen ähnelt die Gestalt einem Vogel, der dem Trubel zu entfliehen scheint. Hinaus ins Freie. Oder will uns Hogarth einen fallenden Engel zeigen? Die für die Seiltänzer-Ikonografie untypische Haltung ähnelt eklatant jener, die der Engel in Rembrandts Gemälde *De engel Raphaël vertrekt van Tobias en zijn familie* (1637) (Abb. 14) einnimmt. Die Bedeutsamkeit des Bilddetails offenbart sich, wenn man ein Raster mit Goldenem Schnitt anlegt; die Figur befindet sich ungefähr am Schnittpunkt zweier Linien.[34] Als Hauptmotiv, gewissermaßen als bildliche Über-Schrift, repräsentiert die Figur das Zweifelhafte der gesamten Szene: Der Jahrmarkt war für alle Arten von Gewalt und Laster bekannt, weswegen er schließlich verboten wurde. Städtischer Handel sollte

34 Man verlängere die Stange der linken Fahne nach unten und ziehe eine Linie vom tiefsten Punkt des Seils nach links.

Abb. 14: Rembrandt: *De engel Raphaël vertrekt van Tobias en zijn familie*, 1637

in einer Gesellschaft, die sich im Prozess der Industrialisierung befand, von dieser Unmäßigkeit nicht gefährdet werden. Luykens braver Moralismus findet in Hogarths Schreckensbild eine Bestätigung. Der Kupferstich glorifiziert nicht die Außeralltäglichkeit des Jahrmarkts. Als Gegenbild zum luxuriösen Raffinement des Adels (Berain, Behagle) und zum kompensatorischen Karneval (Eulenspiegel) entwirft Hogarth die Enthemmung als Brutalisierung der Verhältnisse, in der eine Ethik der Gemeinschaft abwesend ist. Der hängende Seiltänzer wird zum Symbol der Grundlosigkeit und Einsamkeit.

Machtkritik

Die vorangegangenen Kapitel haben gezeigt, dass die Figur des Seilartisten mit einer widersprüchlichen Erhebungssemantik belegt wurde: Vom 16. bis zum Ende des 17. Jahrhunderts symbolisierte sie einerseits soziale, politische und geistige Überlegenheit, einschließlich Risikobereitschaft; andererseits kritikwürdige Überheblichkeit. Diese gegenläufigen Deutungen entspringen einer Epoche, die sich durch gravierende produktive wie destruktive Tendenzen auszeichnet, in der Utopismus und Pessimismus das kulturelle Klima bestimmen. Im Zentrum der Umwälzungen steht die Frage der Macht, die nicht mehr auf ehernem weltanschaulichem Grund steht.

In einem Bildgenre kommen die verunsichernden Vibrationen, die ganz Europa erfassten, zum Ausdruck. Im Zeitalter des Barocks entsteht mit der satirischen Karikatur ein Medium der Machtkritik, in dem das Motiv des Machthabers als stürzender Seilathlet erstmals auftaucht. Die Bilder zeigen in unverhohlener Bissigkeit, dass sich Macht in lächerliche Präpotenz verwandeln kann. Eben noch überlegen, erweist sich der Souverän unversehens als Opfer widriger Umstände: Widerspruch, Revolte, Revolution und Krieg stellen Kräfte dar, die nicht zu kalkulieren sind. Das Seil übernimmt die Repräsentationsfunktion für unfeste Wirklichkeiten, Haltlosigkeit, Herrschaftsverlust und fehlgeschlagenes Kalkül. Eine niederländische Druckgrafik des späten 17. Jahrhunderts illustriert einen bedeutsamen historischen Fall politischer Unruhe, in dem Sieg und Niederlage sowie Machtwechsel aus Gewinnerperspektive dargestellt werden (Abb. 15). Die Bildlegende, begleitet von einem erläuternden Gedicht, weist die Richtung der Aussage:

> Paye qui Tombe
> Die eerst valt betaelt de Speelman, die laest, de Kosten
> Troupe van Royale Koordedanssers,
> Onderhouden by 't Hof van Vrankrijk

(Es zahlt, wer fällt
Wer zuerst fällt, bezahlt den Musiker, wer zuletzt fällt, übernimmt die Kosten
Truppe von königlichen Seiltänzern,
Unterhalten vom französischen Hof)

Die Jahrmarktsszene kommentiert hohe Politik: Jacob II., seit 1685 König von England, war katholischen Glaubens und verfolgte das erklärte Ziel, das protestantische und anglikanische England zu katholisieren. Dies führte nicht nur zu Religionskonflikten, auch erlangte die Frage der Thronfolge Virulenz, weil aus der ersten Ehe Jacobs protestantische Töchter entstanden waren, aus zweiter Ehe jedoch ein katholischer Sohn. Das Bild zeigt nicht nur den König im Moment des Sturzes vom Seil, linksseitig befindet sich auch die aktuelle Ehefrau samt Sohn im freien Fall, woraus ersichtlich ist, wo der Künstler politisch steht. Die Grafik entwirft einen theatralischen Augenblick, der nicht weniger als die *Glorious Revolution* von 1688 repräsentiert. Was verherrlichend als *Re-*

Abb. 15: Romeyn de Hooghe: *Paye qui Tombe*, 1689/1690

volution bezeichnet wurde, war eine Art militärischer Putsch, den protestantische Adelige initiiert hatten. Diese hatten Wilhelm III. von Oranien, Ehemann einer Tochter Jacobs, ermutigt, mit einer Armee von den Niederlanden aus zu intervenieren. Ludwig XIV. von Frankreich bot dem Glaubensbruder Jacob militärische Hilfe an, was dieser jedoch aus Überheblichkeit ablehnte. König Jacob musste abdanken und an den Hof in Frankreich flüchten. Zwar gab es noch Versuche zum Gegenputsch, sie blieben jedoch erfolglos.

Die Radierung kommentiert den Machtkampf, indem sie den entscheidenden Akteuren klare Rollen zuweist: Rechts neben dem stürzenden Königspaar bereiten sich Ludwig XIV. und sein Sohn darauf vor, das Hochseil zu betreten. Die Bildbotschaft ist deutlich: Auch diesen Herrschern droht das Schicksal, das vor ihnen der englische König erleidet. Im Gegensatz zu den politischen Hasardeuren ist dem neuen Machthaber, Wilhelm III. von Oranien, ein komfortabler Platz zugewiesen. Viola da Gamba spielend – ein Instrument mit Solofunktion in der zeitgenössischen Musik[1] –, begleitet er das Drama des Machtverlusts im Ensemble der Musiker, derweil die Zuschauer staunend und jubelnd das Geschehen erleben.

Der humoreske Charakter der Satire darf nicht darüber hinwegtäuschen, dass sie nicht weniger als einen Systemwechsel thematisiert. Die Seiltanzszene illustriert die Abschaffung des Absolutismus und kündigt den Sturz des Sonnenkönigs an. Auch wenn die Prophezeiung nicht für Ludwig XIV. zutrifft, sie nimmt vorweg, was exakt einhundert Jahre später im Laufe der Französischen Revolution Ludwig XVI. widerfahren wird.

Die epochentypische Zerrissenheit aufgrund von Glaubens-, Bürger- und Nationalkriegen findet sich in einer früheren Druckgrafik vorgebildet, wobei die Komplexität der historischen Situation mit symbolischen Mitteln tiefsinniger gestaltet ist. Wieder ist es ein niederländischer Künstler, der zum Zeitpunkt des ersten Englisch-Niederländischen Krieges (1652) einen bildlichen Kommentar auf Oliver Cromwell, Lordprotektor von England, formuliert (Abb. 16).

Cromwell war erfolgreicher Heerführer in den Bürgerkriegen (1642, 1648) gewesen, die zum Sturz und zur Hinrichtung Karls I. geführt hatten.

1 Im Gedicht sagt die «Erste Geige» (Opper Violon): «Ich habe meine Saiten wohl gestimmt, um darauf zu spielen wie ein Held». (Ik heb mijn snaren wel gestelt, Om op te speelen als een Held), online: https://www.rijksmuseum.nl (zuletzt aufgerufen 25.11.2025).

Abb. 16: Dirk Stoop: *Cromwell als Koorddanser*, 1652

Mit puritanischer Gesinnung bewaffnet, verfolgte er ab 1650 eine Politik, die das Parlament schwächte und zu einer Militärdiktatur führte, in der er allein die Legislative bildete. Das Bild zeigt diesen Nicht-König im Schwebezustand über dem Seil. Zwei Gefolgsleute begleiten gestisch das Kunststück. Die Figur mit der Balancierstange stellt den Kampfgefährten Thomas Fairfax dar; er scheint dem Abgehobenen das Hilfsmittel für das Gleichgewicht anbieten zu wollen. Der andere breitet die Arme aus, als wolle er den Fallenden auffangen. Fürchten die beiden den Übermut ihres Herren oder feiern sie seinen Wagemut?

Das Bild zeigt eine strukturierende Vierteilung, die das Drama Cromwells, seine Vergangenheit und mögliche Zukunft, seine unsichere Position im Gefüge weltlicher Ordnungen dramatisiert. Auffällig ist die Teilung des Bildraums in eine dunkle linke und eine helle rechte Seite. Das Publikum mit desperaten Musikern besteht aus dem «Blutrat», wie die Bildlegende mitteilt. Vermutlich sind damit die puritanischen Rebellen und Parlamentarier gemeint, die den Lordprotektor unterstützen. Im Vordergrund liegt eine Teufelsfigur, die im Begriff ist, eine Kette von sich zu werfen. Die Bildsprache deutet an, was im Begleitkommentar ausgesprochen wird: Der Höhenflug hat das Potenzial zum Höllensturz. Der Aufstieg aus Krieg und Neuordnung entfesselt auch das Böse. Die vertikale Hell-Dunkel-Scheidung wird auf diese Weise ergänzt durch die horizontale Oben-Unten-Trennung.

Auf der lichten Seite haben sich zur Gruppe aufgestellt der «Bewahrer des Löwen» mit Friedenszweig und Pallas, die Kriegsgöttin. Sie halten in ihrer Mitte den noch jungen Wilhelm von Oranien, der das Versprechen auf die Zukunft versinnbildlicht. Der Löwe am rechten Bildrand ist das Wappentier des Hauses Nassau, er stellt das Gegengewicht zum Teufel dar.

In dieser Spannung der politischen Kräfte wirkt der schwebende Cromwell wie ein historisches Leichtgewicht. Das zirkushafte Gebaren weist ihn als einen Täuscher der Macht aus, der mit Tricks arbeitet. Die ungewöhnliche Mittelstellung des Diktators zwischen den Gegensätzen wird durch das Seiltanz-Motiv verstärkt, das dreifach ins Bild gesetzt ist. Im dunklen Hintergrund sieht man zwei Affen an einer Leine turnen. In Emblembüchern wird der Affe in das semantische Feld der Täuschung und des Scheins gesetzt.[2] Demgegenüber halten sich im hellen Bereich drei Putti, davon einer mit Engelsflügeln, an einem kräftigen Tau fest; über ihnen schüttet die Ruhmesgöttin das Füllhorn aus. Die Bildaussage extremisiert die Bedeutungsoptionen: Das Tierische und das Göttliche, das Niedere und Erhabene stehen einander gegenüber, wobei die Parteilichkeit des Blattes keinen Zweifel lässt. Cromwell hat sich der Waghalsigkeit verschrieben und dem Licht den Rücken zugekehrt. Er hat sich für Teufel, Tier und Dunkelheit entschieden.

---

2 Siehe Linda Simonis: Genetisches Prinzip. Zur Struktur der Kulturgeschichte bei Jacob Burckhardt, Georg Lukács, Ernst Robert Curtius und Walter Benjamin, Tübingen 1998, S. 301; siehe ebenso Teresa Grant: Apes and Monkeys on the Early Modern Stage, 1603–1659, Cham 2024, S. 265. Charlie Chaplin hat in seinem Film *The Circus* (1928) diese Ikonografie übernommen: In einer Szene kapert die Figur des Tramp das Hochseil, um außergewöhnliches artistisches Können unter Einsatz eines geheimen Sicherheitsseils vorzutäuschen. Das Unglück will es jedoch, dass sich die Sicherung löst und eine Gruppe Äffchen das Seil in Beschlag nimmt. Die Tiere krabbeln auf dem wackelnden Fake-Funambulisten herum und ziehen ihm sogar die Hose aus.

Die Semantik folgt der historisch etablierten Dichotomie aus Überlegenheit und Überheblichkeit, verleiht ihr jedoch unter den Bedingungen der politischen Krisen eine metaphysische Vertiefung. Der Seiltanz als Zentralmotiv mit Sinnstiftungsanliegen trägt unverkennbar Züge einer politischen Anthropologie, wonach jedweder Herrlichkeitsanspruch in Zweifel gezogen werden kann. Gemäß dieser Orientierung werden die Erhebungsbestrebungen Jacobs und Cromwells mit zersetzendem Humor betrachtet. Die ästhetische Übersetzung von Umsturz, kriegerischem Konflikt, Machtverlust und -gewinn in das Bild eines gespannten Seils erzeugt Überraschung und Überzeugung. Die Bildwerke reagieren auf den revolutionären Ordnungsverlust, mit dem Affekte wie Angst, Hilflosigkeit und Hass einhergehen. Im Bild werden diese Gemütsbewegungen stillgestellt, wie auch die Unanschaulichkeit der Wirklichkeit in Allegorie (Göttin, Teufel), Symbol (Löwe, Kette) und Metapher (Seiltanz) übersetzt wird. Auf diese Weise entsteht eine Szene, vergleichbar mit einem Traumbild, in der sich Wirklichkeits- und Wunschaspekte verdichten.

Nicht in allen Fällen propagieren die Karikaturen ihre Botschaften im Modus des symbolischen Raffinements. In derselben politischen Konfliktkonstellation entsteht eine Radierung, die den Krieg in seiner blutigen Handgreiflichkeit darstellt. Thema des Bildes ist die Niederlage der Engländer in der Schlacht von Kijkduin am 21. August 1673 (Abb. 17). Der englische Seiltänzer, verhöhnend mit einem Tierschwanz ausgestattet, erhält einen Tritt vom niederländischen Matrosen, um ihn vom Seil zu stoßen. Gleichzeitig stürzt bereits ein Engländer in die Tiefe und zerreißt der holländische Löwe den englischen Hund.

Die Darstellung des verunglückenden Artisten ist ein Spezifikum der politischen Karikatur. In der reichhaltigen Seiltanz-Ikonografie bespielt das Versagen des Gleichgewichts zwar den Imaginationshintergrund, doch nur selten wird das Stolpern, Stürzen und Sterben illustriert. Die Karikatur ist in diesem Sinne ein Medium der Katastrophe (*katastrophé*, *katá* ‹herab-›, ‹nieder-› und *stréphein* ‹wenden›). Die Satire gestaltet die schicksalshafte Wendung mit dem Mittel der Lächerlichkeitsrhetorik, die stets die Würde oder Herrlichkeit des Objekts voraussetzt.[3] Der Spott erniedrigt jene, die an der Gratwanderung

3 Gerd Ueding: Rhetorik des Lächerlichen, in: Lothar Fietz, Joerg O. Fichte, Hans-Werner Ludwig (Hg.): Semiotik, Rhetorik und Soziologie des Lachens, Tübingen 1996, S. 21–36, hier: S. 27.

Abb. 17: Anonym: *Spotprent op de nederlaag van de Engelsen in de slag bij Kijkduin*, 1673

scheitern oder scheitern sollen. In dieser Hinsicht besteht eine Isomorphie zu den im Barock weit verbreiteten Vanitas-Symbolen, die Vergänglichkeit, Nichtigkeit, Eitelkeit und Misserfolg thematisieren.

Das Hochseil als Metapher für das Scheitern hat Jonathan Swift, der Virtuose des Lächerlichen, für seine Kritik der höfischen (Un-)Kultur zu nutzen gewusst. Seine Polemik richtet sich gegen die adeligen Verhaltenskonventionen, die sich durch zeremonielle Zwanghaftigkeit auszeichnen. *Master mind* der Etikette ist der König, der das höfische Personal dirigiert, indem er Gunst als Belohnung verteilt, protegiert und Positionen vergibt sowie Rivalitäten inszeniert.[4] Swift nimmt das Herrschaftsfeld in den Blick, indem er ein Changieren zwischen Unschicklichkeit und Ungeschicklichkeit konstruiert. Der erzählende Held in *Gullivers Reisen* (1726) befindet sich am Hof von Lilliput, wo er im Kleinen studieren kann, was in der großen Wirklichkeit statthat.

> Eines Tages hatte der Kaiser den Einfall, mich mit dem Schaugepränge des Landes zu unterhalten, worin sein Volk alle anderen, die ich kenne, an Gewandtheit und Pracht übertrifft. Keines gefiel mir aber so sehr wie ein Seiltanz, der auf einem dünnen

4 Siehe Norbert Elias: Die höfische Gesellschaft, Frankfurt a.M. 1983, besond. Kapitel V.

weißen Faden ausgeführt wurde, der ungefähr vier Fuß lang war und zwölf Zoll über dem Boden ausgespannt wurde. Ich nehme mir die Freiheit und des Lesers Geduld in Anspruch, hierüber ein wenig weitläufiger zu werden. An dieser Unterhaltung wird nur von denjenigen mitgewirkt, die sich um bedeutende Ämter und um die höchste Gunst bei Hofe bewerben. Von Jugend auf erlernen die Kandidaten diese Kunst, sind jedoch nicht immer von adliger Geburt oder durch Erziehung gebildet. Wenn ein höheres Amt vakant wird, entweder durch Tod oder Ungnade (letzteres geschieht öfter), so ersuchen fünf oder sechs Kandidaten den Kaiser in einer Bittschrift, Seine Majestät mit einem Seiltanz unterhalten zu dürfen. Wer am höchsten springt, ohne zu fallen, erhält das Amt. Oft erhalten die regierenden Minister Befehl, ihre Geschicklichkeit zu zeigen, um den Kaiser zu überzeugen, daß sie ihre Fähigkeit nicht verloren haben. Der Finanzminister (Flimnap) besitzt das Privilegium, auf dem straff gespannten Seile Kapriolen zu machen, und zwar um einen Zoll höher als der übrige hohe Adel des Reiches; ich habe oftmals gesehen, wie er jenen gefährlichen Sprung vollführte, bei dem der Seiltänzer sich kopfüber in der Luft überschlägt und dennoch auf seinen Füßen steht, sobald er den Boden erreicht. Dies Meisterstück wurde auf einem Teller ausgeführt, der auf einem Tau von der Dicke eines gewöhnlichen Bindfadens befestigt war. Mein Freund Redresal, erster Sekretär für die Hausangelegenheiten, ist nach meiner Meinung, wenn mich die Freundschaft nicht parteiisch macht, der zweite nach dem Finanzminister; die übrigen Großbeamten der Krone sind einander gleich an Kunstfertigkeit. Diese Unterhaltungen werden oft von unglücklichen Zufällen unterbrochen, von denen man in den Annalen des Reiches mehrere verzeichnet finden kann. Ich selbst habe gesehen, wie zwei oder drei Kandidaten ein Glied brachen. Bei weitem größer ist jedoch die Gefahr, wenn die Minister selbst Befehl erhalten, ihre Geschicklichkeit zu zeigen; da sie nämlich miteinander wetteifern, strengen sie sich so heftig an, daß fast jeder einmal, mehrere aber zwei-, dreimal zu Falle gekommen sind. Man hat mir die Versicherung gegeben, Flimnap würde zwei oder drei Jahre vor meiner Ankunft unfehlbar den Hals gebrochen haben, hätte nicht ein

Abb. 18: Jean-Jacques Grandville: Illustration zu *Voyages de Gulliver*, 1838

> Kissen des Kaisers, das zufälligerweise auf dem Boden lag, die Heftigkeit seines Falles gemildert.[5] (Abb. 18)

Verhöhnt wird die Oberflächlichkeit des Leistungsnachweises. Das «kunstfertige» Amüsement ist nicht mehr als leere *showiness*, die dem Herrscher sadistischen Genuss bereitet. Indem Swift die volkstümliche Unterhaltung in den Rang höfischer Exklusivität erhebt, folgt er nicht dem Gesetz der Adelung. Im Gegenteil: Die Szene macht aus den Akteuren willfährige Anhängsel der Macht. Was Swift in das Bild des blamablen Seilsturzes setzt, beschreibt Norbert Elias in seiner historischen Soziologie des Hofes folgendermaßen:

> Hier konkurriert nicht nur bis zu einem gewissen Grade jeder mit jedem individuell um Prestigechancen, sondern hier ringen auch verschiedene Gruppen miteinander; die Prinzen und Prinzessinnen von Geblüt mit den legitimierten Bastarden des Königs, mit diesen auch die ‹Großen›, die Herzöge und Pairs. Als Gruppe für sich sind da die aus dem Bürgertum, oft aus der Robe aufgestiegenen Minister. Auch sie gehören voll und ganz zum Hof; und sie können sich nicht halten, wenn sie die ungeschriebenen Gesetze des Hoflebens nicht verstehen.[6]

«Sie können sich nicht halten» – die soziale Deklassierung übersetzt der Satiriker ins Drama des halsbrecherischen Scheiterns auf dem Seil. Wer fällt, hat keinen Anspruch auf Mitleid, wirkt vielmehr unbeholfen-komisch. Die Satire ist herzlos. Sie heftet das akrobatische Versagen an jene, die zu viel wollen, zu wenig können oder als unwürdig erachtet werden. Swifts Adelskritik ist zutiefst bürgerlich; sie richtet sich gegen das Eitle, Müßiggängerische und Unproduktive. Sie kann allerdings nur auf Kosten der Seiltänzerei gelingen: Der Satiriker setzt ihren unnützen oder liederlichen Charakter voraus, was vom Lesepublikum geteilt werden muss. In Johann Heinrich Zedlers *Grossem vollständigen Universal-Lexicon Aller Wissenschafften und Künste* (1732–1751) kann man unter dem Lemma *Seiltänzer* diese Geisteshaltung expliziert finden. Zwar erkennt der Autor an, dass es sich bei der Kunst um «höchst bewundernswürdige Leibes-Uebungen» handelt, doch lässt der Artikel keinen Zweifel, dass die Vorführungen «närrisch» und «nichtswürdig» sind und «den Kopf mit unnützen Gedancken auffülleten». Resümierend heißt es: «[…] so

---

5 Jonathan Swift: Gullivers Reisen in unbekannte Länder, übers. v. Franz Kottenkamp, Stuttgart 1843, S. 41–42.

6 Elias: höfische Gesellschaft, S. 181.

ist freylich nicht zu läugnen, daß das Seiltanzen dennoch, wie andere gleichmäßige Künste, der Republick so viel als nichts nutzen.»[7]

Die Satire positionierte sich generell auf der Seite des historischen Fortschritts. Adelskritik und Katholizismusverachtung waren gepaart mit moderatem Demokratismus. Das Motiv des prekären Seiltänzers als Mittel der Herrschaftskritik war allerdings offen genug, um auch von der Gegenseite genutzt werden zu können. Im November 1789 erschien in der royalistischen Zeitschrift *Actes des apôtres* eine Druckgrafik mit einer lebhaften Szene, die an Zirkus, Theater und Karneval erinnert (Abb. 19). Eine illustre Gesellschaft hat sich in Verkleidung vor Publikum und Orchester auf einer Bühner versammelt. Groteske Kostüme und Masken, bedeutsame Gesten und symbolisch aufgeladene Dinge verleihen dem Treiben eine in geschichtlicher Rückschau undurchschaubare Bedeutsamkeit. Die Einzelteile des Gesamtensembles, in denen die dargestellten Figuren historisch realen Personen entsprechen, sollen nicht aufgeschlüsselt werden. Für den Zusammenhang ist auf das Zentrum zu fokussieren, das von zwei Männern dominiert wird – der eine im Priestergewand, der andere in Narrenmontur. Der Leiterkletterer und der Seiltänzer halten gemeinsam eine auf dem Kopf stehende Pyramide, Symbol der Hierarchie und gewaltiger gesellschaftlicher Anstrengung. Auf ihr ist das Wort «Constitution» (Verfassung) eingeprägt.

Bei den beiden Protagonisten auf und am Seil handelt es sich um wichtige Akteure in der Französischen Revolution. Der Narr repräsentiert Guy-Jean-Baptiste Target, einen französischen Juristen und Politiker, der mit rechtswissenschaftlichen und politischen Kommentaren die Revolution unterstützte und späterhin an der Verfassung von 1791 mitgearbeitet hat. Emmanuel Joseph Sieyès, auch Abbé Sieyès genannt, war ein Aufklärer und einer der Haupttheoretiker der Revolution. Mit dieser Identifizierung wird die Botschaft der Grafik unmissverständlich klar: Die Revolutionäre stehen nicht auf sicherem Grund, wie auch die Verfassung kein Fundament aufweist. Das verkehrte Symbol der Verfassung wird nicht von starken Händen gehalten, im Gegenteil, sie ist reines Luftgebilde ohne Gewicht. Der umstürzlerischen Aktion fehlt jede Ernsthaftigkeit, was durch die versammelte Gesellschaft unter dem Seil bestätigt wird, die ein albernes Stück aufzuführen scheint.

7 Johann Heinrich Zedler: Grosses vollständiges Universal-Lexicon Aller Wissenschafften und Künste, Bd. 36, Halle, Leipzig. 1732–1751, Sp. 1540–1542.

Abb. 19: Anonym: *Ouverture du Club de la Revolution*, 1789

Der Titel der Abbildung – *Ouverture du Club de la Revolution* – spielt auf die seit April 1789 zu Tausenden entstehenden Jakobinerclubs an. Diese Volksgesellschaften bildeten die Foren für politischen Bildung, Information und Diskussion. Der Kupferstich verulkt die Revolution, indem die Figuren als Scharlatane und Verkleidungskünstler ausgewiesen werden: alles nur Theater. Wieder muss der Seiltänzer als komische Figur herhalten, dem kein seriöses Anliegen zuzutrauen ist. Über allem hängt als Gegenthese das Totalitätssymbol des Königstums, die Kugel, auf der geschrieben steht «La Loi et Le Roi» (Das Gesetz und der König). Trotz der Boshaftigkeit zielt die Karikatur auf Humor, der noch nicht reflektieren konnte, zu welchem großhistorischen Ereignis die Revolution werden sollte. Die Hinrichtung des Königs und der Terror lagen noch in der Zukunft.

Strukturell unterscheiden sich die Bildrhetoriken der antirevolutionären und progressiven Satiren nicht. Auch in der nachfolgenden Entwicklung des Genres im 19. Jahrhundert bleibt die Seiltänzerfigur das fixierte Symbol lächerlicher Überheblichkeit (Abb. 20). Das polysemantische Potenzial der Figur, das sich durch verschiedene historische und soziale Kontexte entfal-

Abb. 20: Cham: *La Prusse commençant à comprendre qu'elle ne pourra pas continuer longtemps cet exercice de casse-cou,* 1855
[Als Preußen zu verstehen begann, dass es diese halsbrecherische Übung nicht mehr lange durchhalten konnte]

tet, verengt sich in der Satire zur Eindeutigkeit. Die satirische Funktionalisierung seiltänzerischer Unsicherheit und artistischen Scheiterns in Zeiten heftiger politischer und kriegerischer Auseinandersetzungen verliert in der optimistisch gestimmteren Epoche der Aufklärung ihre Bedeutung. Wer nun das Gleichgewicht in Anmut zu halten vermag, wird zum zivilisatorischen Vorbild.

Nutzlose Virtuosen

Wie die frühen Quellen belegen, war der Seiltänzer eine Figur des Zwielichts, Repräsentant des kruden Amüsements ebenso wie der hohen Festkultur, der Machtlosigkeit wie der subjektiven Freiheit, Prototypus des Einzelgängers und Künstlers, Sinnbild in gleichem Maße von Tugenden und Untugenden wie Kühnheit, Anmaßung, Leichtsinn, Galanterie und Selbstsucht. Das historisch gewachsene Sinnkapital stand nicht nur für zukünftige Daseinsdeutungen zur Verfügung, es bildete die Grundlage für weitere semantische Anreicherungen.

1682 erscheint *Die teutschen Winter-Nächte*, ein Roman des Barock-Schriftstellers und -Komponisten Johann Beer. In einer kurzen Binnenerzählung, die sich auf einen tatsächlichen Fall bezieht[1], wird die Geschichte eines «stattlichen Arztes und Bruchschneiders» berichtet, der in zweiter Profession als Seilkünstler auftritt. In dieser Rolle lässt er seine Vorführung mit sensationsheischender Ankündigung anpreisen: «Es geschah eben zur selben Zeit, daß dieser Atavan auf dem Theatro durch seinen Pickelhering ausrufen ließ, welchergestalten er künftig neues Jahr von dem Thum-Stift in lauter Feuer herunterfahren wollte gleich einem Vogel Phönix.»[2]

Der Erzähler, Student in der Stadt, verlässt für das «Gaukelspiel» sogar die Studierkammer und beobachtet mit Neugier die Vorbereitungen für das waghalsige Vorhaben: Diener tragen brennende Pechfackeln, Kerle bringen Tücher, mit denen im Fall eines Sturzes der Artist aufgefangen werden soll. Als die Stunde gekommen ist, ruft Atavan «Allumez! Allumez!»

---

1 Siehe Peter Strohschneider: Zeit Tod Erzählen. Ansichten der Teutschen Winter=Nächte Johann Beers vor der Tradition des Novellare, in: Wolfgang Harms, Jean-Marie Valentin (Hg.): Mittelalterliche Denk- und Schreibmodelle in der deutschen Literatur der Frühen Neuzeit, Amsterdam, Atlanta 1993, S. 269–300, hier: S. 276–277.

2 Johann Beer: Die teutschen Winter-Nächte & Die kurzweiligen Sommer-Täge [1682], Frankfurt a. M. 1963, S. 147.

> Das solle, wie man mich berichtet, ‹Zündet an!› heißen. Kurz nach diesen Worten sah man viel Raqueten von ihm steigen. Wir hofften immer, er würde besser herunterkommen, aber es dauerte wohl ein Vaterunser lang, da er weiter nicht als etwan zwei Klafter gekommen, ob sich schon das Seil ausdermaßen geschwungen. Er hatte ein anders Seil unter dem großen in nächstgelegenem Güldenen Kreuze angespannet. An demselben sollte eine feurige Katze hinunterlaufen und diejenige Feuerräder anzünden, die er ringsherum um den Brunnen angebunden. Aber ehe man sichs versehen, fiel der arme Mensch von dem Seil herunter und blieb eben an der Stelle mausetot liegen, dahin er gefallen, und viel Leute haben sich besorget, daß solche in die Dächer fliegen und anzünden möchten, so gar hatte das Spiel mißlungen.[3]

Die Darstellung des tragischen Schicksals zielt nicht auf Mitgefühl. Der Autor zieht die Register des Spotts und der Häme. Eine weitere Romanfigur, die der Geschichte gelauscht hat, kommentiert: «Meinesteils liebe ich die Gaukelei, aber die Gaukler selbsten achte ich nicht gar hoch [...].»[4] Der zum Ausdruck gebrachte Gegensatz von Gefallen an der Unterhaltung und Respektlosigkeit für den Unterhalter ist nicht nur ein atmosphärischer Nachhall der zeittypischen heterogenen Vorstellungen vom Seiltänzer, der Text entwirft einen neuen Typus. Was ist dieser Atavan – Arzt oder Spaßvogel? Beers satirischer Ansatz lässt die Figur zwischen Marktschreier, Gaukler, Schwindler und Kurpfuscher changieren. Atavan ist ein Scharlatan, ein – in moderner Diktion – Dilettant. Der Autor setzt gezielt Hinweise, aus denen der zweifelhafte Charakter des vermeintlich Doppelbegabten zu erschließen ist: Dem Kapitel ist ein Motto vorangestellt, das die moralische Intention der Erzählung ankündigt: «Der Vorwitz stürzt den Icarus, Daß er im Meer ersaufen muß.» *Vorwitz* bedeutet nichts anderes als Vortäuschung von Kompetenz. Schon das großspurige Versprechen, als Phönix herunterzufahren, zeigt Unbildung an, denn dem Mythos zufolge steigt der verbrannte Vogel aus der Asche auf, um in neuem Glanz zu strahlen. Anstatt Licht zu bringen, verbreitet dieser Künstler die Angst vor einem Feuerbrand. Auch der Umstand, dass «wie die Teufel angekleidete Kerle» aufgeboten werden, die als Auffänger fungieren, deutet auf wenig Selbstsicherheit des Artisten hin. Und zuletzt ist die mittelalterliche Berufsbezeichnung *Bruchschneider* doppelt konnotiert: Nicht nur verstand man

3 Ebd., S. 148.

4 Ebd., S. 149.

darunter einen Vertreter der niederen Heilkunst, die Bezeichnung prophezeit den Sturz und das Brechen der Knochen.

Die erweiterte Semantisierung des Seilgehers als Dilettant steht in Opposition zum Begriff des Virtuosen. Mit ihm wird nicht nur ein Künstler bezeichnet, der seine Kunst in technischer Brillanz beherrscht, das Wort leitet sich vom lateinischen *virtūs* ab, in dem Tüchtigkeit und Tugend zusammengeschlossen sind. Ob Beer mit der Mikroerzählung eine Satire auf Kunst, Künstler und deren Tugendlosigkeit beabsichtigte oder eine pessimistische Anthropologie andeuten wollte, muss nicht entschieden werden. Zentral ist die Aufmerksamkeit für das Motiv des Könnens. Der bereits zitierte Zuhörer sagt: «Er [Atavan] hält seine Profession sehr verdächtig, wie sie denn auch in dem Werk selbsten nicht gar reputierlich ist.»[5] Damit ist die Frage aufgeworfen, was man vor der Welt darstellt. Das Subjekt ist aus der gottgewollten Bestimmtheit befreit worden und wird zum Objekt der Betrachtung und Beurteilung. Auch wenn die Werthaltigkeit des gelingenden beziehungsweise nicht gelingenden Tuns im Text nur angedeutet wird, so wird doch die moderne Problematik angespielt, welche moralische Ausrüstung das Subjekt benötigt, um in der Gesellschaft bestehen zu können. Die Erzählung über ein Versagen erfüllt einen strategischen Zweck: Im Misslingen deutet sich an, dass das Subjekt nur als etwas Gewordenes zu denken ist. Im erwarteten Normvollzug des Gelingens erscheint nur das Fertige, das Endprodukt, nicht der Weg dorthin. Daseinssicherung darf jedoch nicht als selbstverständlich angenommen werden, sie beruht auf Ausbeutung des subjektiven und gesellschaftlichen Möglichkeitsvorrats. Die Lächerlichkeit Atavans ist Widerspruch zum Virtuosen und Aufforderung, Meisterschaft für erstrebenswert zu erachten.

Beers Hohn für den Seiltanz steht im Kontext der satirischen Funktion, die im 17. Jahrhundert dominierte. Im Folgejahrhundert, Epoche der Aufklärung, versachlicht sich die Sicht auf den Artisten. Könnerschaft wird differenziert bedacht, nicht vorrangig mit dem Motiv des Scheiterns verknüpft, vielmehr mit der Frage nach der Vorbildlichkeit verbunden.

Mit einer literarischen Miniatur setzt der Jurist und Schriftsteller Justus Möser den Beginn einer intertextuellen Debatte. 1777 erscheint «Der Schulze und der Seiltänzer» in den *Westphälischen Beyträgen zum Nutzen und Vergnügen*. 1778 ist die Erzählung in den dritten Band der *Patriotischen Phantasien*

5 Ebd.

eingegangen, wo sie unter dem Titel «Die Regeln behalten immer ihren grossen Wert» geführt wird. Die *Phantasien* erreichten ein großes Lesepublikum, darunter auch Johann Wolfgang von Goethe, der einen wichtigen Beitrag zum Seiltänzer-Diskurs leisten wird. Den Kern der kurzen Erzählung bildet ein Dialog zwischen einem Dorfvorsteher und einem reisenden Seiltänzer. Sie diskutieren über eine hohe Säule, die mit einer eisernen Hand geschmückt ist und den Weg zum Dorf weisen soll. Der Seiltänzer opponiert gegen diese Vorrichtung mit dem Argument, dass jeder Mensch das Recht habe, seinen eigenen Weg zu finden. Er selbst wolle auf dem Seil geschwinder und schneller über Gräben und Hecken gehen und dabei noch Bewunderung gewinnen. Der Schulze entgegnet: «Unser Wegweiser zeigt nun einmahl den gemeinsten, sichersten und ebensten Weg, und wenn derselbe nicht gewiesen würde, so wüste man ja nicht einmal, wie viel kürzer und geschwinder ein andrer wäre.»[6] Möser exponiert unmissverständlich die Moral der Parabel, die vom Dorfvorsteher repräsentiert wird. Der Seiltänzer wird nicht nur argumentativ, sondern auch handlungspragmatisch ins Unrecht gesetzt: Ein Jüngling, der auf einem Pferd vorbeigaloppiert, liefert die Demonstration von Schnelligkeit, die jene des Seilgehers weit übertrifft. Und warum solle man das Risiko eingehen, sich den Hals zu brechen oder im Graben stecken zu bleiben, wo der Weg sicheres Ankommen garantiert? Der Text endet mit einer Geste autoritativer Versicherung: «Ein Philosoph, der ihre Unterredung mit angehört hatte, machte hierüber die Anmerkung, daß die gemeinen Wege oder Regeln immer nöthig blieben, wenn die Genies sich auch noch so weit davon entfernten.»[7]

Das modellhafte Räsonnement basiert auf dem Absolutismus des gesunden Menschenverstandes. Die Säule mit dem Handsymbol repräsentiert das Gesetz der Vernunft. Demgegenüber stellt der Seilgeher die Allegorie der Unvernunft dar. Der Text bezieht Position: Wer sich der Macht des geregelten Verkehrs unterwirft, wird nicht einfach zu blindem Gehorsam erzogen. In der Regel/Säule verdinglicht sich investierte Orientierungsleistung, die von den Verkehrsteilnehmern nicht mehr erneut erbracht werden muss. Das Befolgen der Zweckrationalität sichert ökonomische Vorteile. Die Schlussphrase des Philosophen erweist sich als dialektisches Denkbild: Mit der Enthüllung des

6 Justus Möser: Die Regeln behalten immer ihren grossen Wert, in: ders.: Patriotische Phantasien, Bd. 3, 2. Aufl. Berlin 1778, S. 259–260, hier: S. 260.

7 Ebd.

Genies, das sich in der Repräsentationsfigur des Seiltänzers verbarg, wird das Spannungsverhältnis zwischen Fortschritt und Beharrung in der sich verbürgerlichenden Gesellschaft angedeutet. Möser bringt seinen Schulze zwar mit aufgeklärtem Konservatismus gegen die schöpferische Geisteskraft ins Spiel, gleichzeitig lässt er keinen Zweifel daran, dass es Instanzen der produktiven Verunsicherung gibt, die das Kontingenzbewusstsein wachhalten. Das Eintreten für die Regel besagt letztlich nichts anderes, als dass an den Rändern der Lebenswelt Veränderungen stattfinden, die zur Herausbildung von Orientierungsbewusstsein nötigen

Ließ sich Goethe von Möser inspirieren, als er eine Seiltänzer-Episode für den Theaterroman *Wilhelm Meisters theatralische Sendung* erdachte, die später fast wörtlich in *Wilhelm Meisters Lehrjahre* (1795/96) einging? Goethe war mit den Schriften Mösers seit 1770 vertraut, er hat ihn in Briefen, in einem Aufsatz sowie in *Dichtung und Wahrheit* gewürdigt. Auch wenn die Beeinflussung nicht nachzuweisen ist[8], fällt die zeitliche Koinzidenz der Textproduktionen ins Auge: Goethe beginnt mit der Abfassung von *Wilhelm Meisters theatralische Sendung* exakt im Jahr des Ersterscheinens von «Der Schulze und der Seiltänzer».[9] Goethe folgt allerdings nicht dem moralischen Rigorismus Mösers; er beleuchtet, was der Zeitgenosse mit dem Signifikanten *Genie* nur andeuten mochte: Mit dem Können auf dem Seil sind Kunstansprüche verbunden, zu denen auch die zivilisierende, regelbildende Funktion gehört.

Wilhelm trifft in einem Wirtshaus auf eine «große Gesellschaft Seiltänzer, Springer und Gaukler».[10] Auf dem Marktplatz wird ein Gerüst aufgeschlagen, die Artisten ziehen mit Getöse durch die Stadt, um Publikum für die Vorführung zu gewinnen. Zettel werden verteilt, auf denen «die manichfaltigen Künste der Gesellschaft, besonders eines Monsieur Narciß und der Demoiselle Landrinette»[11] herausgestrichen werden. Die beiden Stars der Truppe bilden ein Seiltänzerduo. Das ganze Kapitel kreist um Erlebnisse mit dem

8 Die Möser'sche Textminiatur wird in Stefan Eflers Studie *Der Einfluß Justus Mösers auf das poetische Werk Goethes* (Hannover 1999) nicht erwähnt.

9 Johann Wolfgang von Goethe: Wilhelm Meisters theatralische Sendung [1777–1785], Frankfurt a. M., Hamburg 1960, S. 110–111.

10 Johann Wolfgang von Goethe: Wilhelm Meisters Lehrjahre [1795/96], Frankfurt a. M. 2002, S. 100.

11 Ebd., S. 102.

Abb. 21: Bilderbogen, c. 1800

Schönen, der Geschicklichkeit, dem Lernen, dem Darstellen und mündet in Gedanken über die Nützlichkeit des Theaters. In diesen Kontext fügt sich die Schilderung des zirzensischen Geschehens. Das Warm-up für den Sensationsauftritt bestreiten Kinder, die Verrenkungen vorführen, und lustige Springer, die Jauchzen und Klatschen beim Publikum erzeugen. Was als pures Vergnügen einsetzt, bekommt eine andere Stimmung, als die Seiltänzer die Szene bespielen.

> Nun aber ward die Aufmerksamkeit auf einen andern Gegenstand gewendet. Die Kinder, eins nach dem andern, mußten das Seil betreten, und zwar die Lehrlinge zuerst, damit sie durch ihre Übungen das Schauspiel verlängerten, und die Schwierigkeit der Kunst ins Licht setzten. Es zeigten sich auch einige Männer und erwachsene Frauenspersonen mit ziemlicher Geschicklichkeit; allein es war noch nicht Monsieur Narciß, noch nicht Demoiselle Landrinette.[12]

12 Ebd., S. 107.

Goethe literarisiert in dieser Passage, was im antiken Griechenland *paideia* genannt wurde. Dieses Wort, das im Begriff *Pädagogik* fortlebt, bezeichnete den Prozess der Bildung von der Kindheit bis ins Erwachsenenalter, mit dem die körperlichen und geistigen Anlagen für die Lebenspraxis entfaltet werden sollten. Ziel war es, *areté* zu erreichen, Vortrefflichkeit. Bei Goethe treten entsprechend Kinder und Erwachsen an, um die Vorstufe zum Ideal zu verkörpern. Die Realisierung der Vorbildlichkeit erfolgt im Auftritt des Starduos.

> Endlich traten auch diese aus einer Art von Zelt, hinter aufgespannten roten Vorhängen hervor, und erfüllten durch ihre angenehme Gestalt und zierlichen Putz die bisher glücklich genährte Hoffnung der Zuschauer. Er, ein munteres Bürschchen von mittlerer Größe, schwarzen Augen und einem starken Haarzopf; sie, nicht weniger niedlich doch stark gebildet; beide zeigten sich nach einander auf dem Seile mit leichten Bewegungen, Sprüngen und seltsamen Posituren. Ihre Leichtigkeit, seine Verwegenheit, die Genauigkeit, womit beide ihre Kunststücke ausführten, erhöhten mit jedem Schritt und Sprung das allgemeine Vergnügen. Der Anstand, womit sie sich betrugen, die anscheinende Bemühungen der andern um sie, gaben ihnen das Ansehn, als wenn sie Herr und Meister der ganzen Truppe wären, und jedermann hielt sie des Ranges wert.

Goethe exponiert das Virtuosentum als Produkt einer Zucht, die im Moment der perfekten Performance vergessen werden kann. Die ästhetische Vollkommenheit berührt die Gemüter, die künstlerische Hochstellung der Performer erscheint zweifelsfrei. Wilhelm kommentiert das Erlebte in diesem Sinne: «[…] ich bewundere ihren Verstand, womit sie auch geringe Kunststückchen, nach und nach und zur rechten Zeit angebracht, gelten zu machen wußten, und wie sie aus der Ungeschicklichkeit ihrer Kinder und aus der Virtuosität ihrer Besten ein Ganzes zusammen arbeiteten […].»[13]

Im Laufe des Kapitels wird Wilhelm als jemand dargestellt, der sich noch unter dem Diktat der *paideia* befindet. Er übt das Fechten und beim Tanzen «fehlte [es] ihm an einer künstlichen Übung.»[14] Der Entschluss zum Üben basiert auf dem unausgesprochenen Gedanken möglicher Idealität. Die ästhetische Theorie der Perfektion erleidet allerdings einen Riss, als Wilhelm mit Narciß ins Gespräch kommt. Wie sein Name andeutet, erweist er sich als

13 Ebd., S. 108.

14 Ebd., S. 114.

jemand, der wenig Mitgefühl für die Artistenkollegen zeigt, lieber erzählt er von seinem eigenen Schicksal. Auch reagiert er gleichgültig auf ein Lob Wilhelms: «Wir sind gewohnt, [...] daß man über uns lacht, und unsre Künste bewundert; aber wir werden durch den außerordentlichen Beifall um nichts gebessert.»[15]

Wenn Narciß beklagt, durch die Arbeit im Showbusiness nicht besser zu werden, dann bleibt offen, wie er dies meint – technisch oder moralisch? Narciß und Landrinette werden vom Volk gefeiert, mit Blumen beworfen und auf Schultern durch die Stadt getragen. Wilhelm gerät darüber ins Nachdenken: Der Enthusiasmus gilt nicht notwendigerweise der Tugendhaftigkeit der Künstler. Anstatt der oberflächlichen Faszination zu verfallen, träumt er von einer Kunst, mit der man «gute, edle, der Menschheit würdige Gefühle ebenso schnell durch einen elektrischen Schlag ausbreiten, ein solches Entzücken unter dem Volke erregen könnte, als diese Leute durch ihre körperliche Geschicklichkeit getan haben [...].»[16]

Wilhelms Nachdenken ist kunstutopisch und menschheitsreformerisch motiviert. Im Seiltanz der Könner findet er etwas vorgebildet, eine Stimmigkeit von Form und Handlung, aus der die Idee der – im weitesten Sinne – Bildung erwächst. Die melancholische Einsicht jedoch, dass der Seiltanz ohne Nutzen für die Menschenverbesserung ist, lässt einen Sehnsüchtigen zurück, der auf seine «losgebundene Einbildungskraft» zurückgesetzt wird. Trotz dieser Eintrübung hat sich der Pessimismus Beers im Laufe von einhundert Jahren und unter dem Einfluss der Aufklärung zur optimistischen Vorstellung einer Selbsterziehung gewandelt. Allerdings zeichnet sich bereits am Ende des 18. Jahrhunderts der Konflikt zwischen Vorbildlichkeit und Starruhm ab. Der Virtuose steht im Dienst eines Entrepreneurs, alles Tun gehorcht dem ökonomischen Prinzip und wird zur Ware. Narciß und Landrinette erweisen sich als Hybridphänomen: Der ästhetische Schein besitzt den Doppelwert aus Hoffnung und Täuschung, aus Vorschein auf entfaltete Anlagen und falschem Zauber, der das fehlende Leben verdeckt.

Wenige Jahre nach Erscheinen des *Wilhelm-Meister*-Romans reagiert Friedrich Maximilian Klinger, der mit Goethe in einer wechselvollen Freundschaft verbunden war, auf die im Roman formulierte Zwiespältigkeit aus

15 Ebd., S. 115.

16 Ebd., S. 117.

Bewunderung und Ungenügen. In *Betrachtungen und Gedanken über verschiedene Gegenstände der Welt und der Literatur* (1803–1805) findet sich ein Seiltänzer-Aphorismus, der das Thema der Nutzlosigkeit «der gefährlichen, schwindelnden Kunst» aufnimmt und mit einem Vergleich dem melancholischen Bedenken zu entreißen sucht.

Schon der erste Satz des Aphorismus setzt den Ton: «Der Seiltänzer und der Transzendentalphilosoph stehen gegen die auf der Erde ruhig wandernde Menge oder den empirischen Plebs der Anzahl nach in gleichem Verhältnisse, und das wahrscheinlich zum Besten dieser Künstler selbst.»[17] Körper- und Geistvirtuosen werden in ein Spiegelverhältnis gebracht, weil beide als Repräsentanten gesehen werden, die es vermögen, sich über die Gewöhnlichkeit hinauszubewegen. Ganz im Goethe'schen Sinne kann Klinger schreiben:

> Der denkende Teil dieses empirischen Plebs sieht in dem Seiltänzer einen Beweis, was ein Mensch, gespornt durch den Abscheu vor harter Arbeit, aus seinem Körper zu machen vermag; in dem Transzendentalphilosophen erblicken wir, was der Mensch, wenn er die Zeit dazu hat, aus edlerm Triebe, durch Kraft und Kühnheit des Geistes vermag.[18]

Klinger beobachtet eine soziologische Differenzierung, die in der Trennung von Arbeit als produktive Wertgestaltung und künstlerischer Tätigkeit besteht. Philosoph und Artist bezeichnet der Aphoristiker als Künstler, deren «Arbeit [...] nur Experimente [sind] und [...] ein wunderbares, staunenvolles, manchmal gleichen Schauder erregendes Schauspiel [gewähren].»[19] Mit dieser Perspektive dementiert Klinger, was zuvor behauptet wurde: dass das freigelassene Üben und Denken Vorbild für die Menge sein kann. Deren Verhaftetsein in der Empirie ist geradezu die Bedingung für die Herausbildung der besonderen Menschen. Beide – Seiltänzer und Transzendentalphilosoph – sind abhängig vom Publikum, das die leiblichen und gedanklichen Kunststücke bewundert. Vor allem aber muss der «Pöbel» in der Mehrzahl sein und für die gebotenen Leistungen bezahlen. Künstler treten gegen Geld auf, Verleger verkaufen

17 Friedrich Maximilian Klinger: Betrachtungen und Gedanken über verschiedene Gegenstände der Welt und der Literatur [1803–1805], Sämmtliche Werke, Bd. 1, Stuttgart, Tübingen 1842, S. 186.

18 Ebd.

19 Ebd.

Artikel und Bücher. Goethes milde Kulturkritik am Unterhaltungsgeschäft nimmt Klinger zurück und erkennt stattdessen den größeren gesellschaftlichen Zusammenhang. Etwas verklausuliert nimmt er eine materialistische Position ein, wenn er schreibt: «Der die Menschheit ehrende Luxus des Geistes konnte nur durch den sinnlichern Luxus der Gesellschaft entstehen [...].»[20] Mit «sinnlichem Luxus» ist die Arbeit an der Natur und den Gegenständen gemeint, die die ökonomische Grundlage für den allgemeinen gesellschaftlichen Reichtum bildet. Die Künstler entheben sich dieser Sinnlichkeit, sind darin aber der Ausdruck einer entwickelten Zivilisation, die sich Akteure leistet, «die ihr Spiel treiben können».[21] Klinger lässt seinen Aphorismus damit enden, dass die Künstler, abhängig von Pöbel, Plebs und Publikum, zu Bescheidenheit und Dankbarkeit verdammt sind. Aufgrund ihrer Abgehobenheit vergessen die Spieler die Relation allerdings allzu gern.

An die Stelle der feinsinnigen ästhetischen Betrachtung und Menschheitsverbesserungsidee ist ein soziologischer Realismus getreten, der die Spannung zwischen unterschiedlichen kulturellen Sphären anerkennt. Die Gleichstellung von Seiltanz und Transzendenz deutet auf einen Sinn- oder Sinnlichkeitsüberschuss hin, der nicht im Pragmatismus der Alltagsgeschäfte aufgeht. Klinger rationalisiert die Idee des Fortschritts, indem er in der Arbeitsteilung und der Spezialisierung anthropologische Möglichkeitspotenziale identifiziert. Die virtuelle Unerschöpflichkeit schließt jedoch für das Einzelsubjekt die Erkenntnis ein, mit zuweilen schmerzhaft erfahrenen Begrenzungen leben zu müssen. Klinger entwirft in seiner Skizze ein Mischbild vom Seiltänzer – Virtuose im Dauerübungsstress, Sezessionist[22], Weltflüchtling, Überheblichkeitsmensch und Allegorie der unmöglichen Möglichkeitsrealisierung. Was sich darin vorzeichnet, ist das moderne Subjekt, dem alles Tradierte, Konventionelle und Gewöhnliche zum Gefängnis geworden ist. Im ständigen Bemühen um Selbstausdehnung und Selbstüberschreitung sieht es sich mit einem niemals definierbaren Das-ist-es-noch-nicht konfrontiert.

Der Jahrhundertschritt vom Barock zur Aufklärung wird durch einen weiteren in die ästhetizistische Epoche des späten 19. Jahrhunderts ergänzt. Der artistische Könner, dem Möser, Goethe und Klinger die Kraft zur Beun-

20 Ebd., S. 187.

21 Ebd., S. 186.

22 Siehe Peter Sloterdijk: Du mußt dein Leben ändern, Frankfurt a.M. 2009, S. 140–141.

ruhigung zuschreiben konnten, gerät nun unter den ästhetischen Verdacht des *virtūs*-Mangels. Friedrich Theodor Vischer widmet dem Begriff des Virtuosen in *Das Schöne und die Kunst* (1898) eine eingehende Reflexion. Nachdem er die Feststellung getroffen hat, dass *virtūs* von *taugen* komme und also «etwas schicklich zu machen» heiße, gibt er eine Beobachtung wieder: «Das Wort [virtuos] hat eine zweite Bedeutung gewonnen, es hat sich damit im Lauf der Geschichte ein gewisser Begriff verbunden, der auch etwas Bedenkliches hat. Da hört man gleich heraus ein ‹Nur›.»[23] Assoziiert würde das Virtuosentum oft mit «bloße[r] Handwerkstechnik» und somit der Kunst etwas entzogen, was ihr wesentlich sei: «Seele». Die Zwiespältigkeit aus Faszination und schalem Sensationalismus verdeutlicht Vischer mit einem Vergleich:

> Es gibt ja wohl auch wahrhaft bedeutende Virtuosen, die ihre Kunst im edlen Sinne ausüben, aber schon von langer Zeit her hat sich eine Masse von Figuren gebildet, welche die Technik auf diese Weise ins Aeußerste, Schwierigste, Extravaganteste hineindrängen, eine Art von Kunstreitern oder Akrobaten auf der Geige, auf dem Klavier. Man muß dabei an Rudolph Knie, den großen Seiltänzer, denken. Das gibt jene Kunst, die sich drückend an alle Nerven legt und ganz galvanische Wirkungen hat, daß man meint, man höre jetzt die Teufel heulen und dann wieder die Engel singen. Paganini vermochte seinem Instrumente wahrhaft infernalische Sprünge abzuzwingen, die Leistungen seines Fidelbogens schien der Wahnsinn zu führen, ohne daß dieser andere Akrobat oder Seiltänzer den Stand verlor.[24]

Das «Bravourartige» und «Geölte»[25] in der Meisterschaft stimmt Vischer skeptisch. Die dem Urteil zugrundeliegende sentimentalische Auffassung von Kunst soll an dieser Stelle nicht weiter interessieren. Vischer bildet einen Endpunkt jener Diskussion, in der die Spannung zwischen Artistik und Kunst, Tun und Moral behandelt wurde. Tugend hat unter dem verengten ästhetizistischen Paradigma die Kraft als dogmatische Verhaltensregelung verloren. Der Künstler unterwirft sich nur noch einer Spezialtugend, die ausschließlich seine Professionalität betrifft. Die Sorge gilt allein der Behandlung des Materials, aus dem die Authentizität des Ausdrucks zu gewinnen ist. Der Seiltänzer – bei Möser, Goethe und Klinger noch Vertreter einer höheren Ordnung – tritt bei Vischer wieder in die zweite Reihe zurück; er ist zwar in der Lage die Ner-

23 Friedrich Theodor Vischer: Das Schöne und die Kunst, Stuttgart 1898, S. 260.

24 Ebd., S. 261.

25 Ebd., S. 262.

ven zu erregen, nicht jedoch die Seele zu begeistern. Die Kunst verliert zwar ihre gesellschaftliche Funktion als Modellgeber, sie gewinnt damit aber auch die Freiheit des Ausdrucks, der auf Subjektivierung drängt. Die Artisten gehören trotz aller Könnerschaft fortan zur Sphäre der Unterhaltungsindustrie.

Übermenschen

Je mehr die Moderne Besitz vom Subjekt ergreift, umso deutlicher treten die Paradoxien der Freiheitsgewinnung, des Auch-anders-sein-Könnens, der Exzentrizitätswünsche und Selbstverantwortlichkeit hervor. Dass sich die Seiltänzerfigur zum metaphorischen Idealtypus dieser Subjektlage entwickeln konnte, geht auf Friedrich Nietzsche zurück. 1883 erscheint der erste Teil von *Also sprach Zarathustra*. Die darin geschilderte Seiltänzer-Episode ist paradigmatisch für eine Problemlage, in der sich das Subjekt zwischen Prophezeiung und trüber Wirklichkeit situiert findet.

Die Bedeutung des Textes wurde erst posthum in akademischen und außerakademischen Milieus erkannt. Der Grund für die herausragende Sonderstellung innerhalb der ikonografischen und literarischen Seiltänzerdarstellungen liegt in der Exposition eines kontroversen Begriffes, den Nietzsche mit der Artistenfigur verkoppelt: Übermensch. Der auf Provokation angelegte anthropologisch-weltanschauliche Ansatz und die eigenwillige literarische Gestaltung erzwingen hermeneutische Angänge: Die Rede des Zarathustra im Duktus protestantischer Bildlichkeit einschließlich guruhaften Verkündigungspathos ruft an jeder Stelle nach einer Übersetzung, die den hohen Ton – Peter Sloterdijk spricht von «hysteroide[r] Übermensch-Propaganda»[1] – mit welthaltiger Erfahrbarkeit in Verbindung setzt. Bei all dem wird zur Frage, in welchem Verhältnis Figurenrede und Autorenintention zueinanderstehen. Ist Nietzsche identisch mit Zarathustra?

Weder soll ein Referat der *Zarathustra*-Deutungen noch eine methodische Reflexion der Interpretationsprobleme die Darstellung aufhalten.[2] Die Gefahr der Vereinfachung eingehend, soll Beachtung finden, was in der For-

1 Peter Sloterdijk: Du mußt dein Leben ändern, Frankfurt a. M. 2009, S. 184.

2 Zur Rezeption der Seiltänzer-Erzählung siehe Anna Luhn: Überdehnung des Möglichen: Dimensionen des Akrobatischen in der Literatur der europäischen Moderne, Göt-

schung bisher nicht berücksichtigt wurde: Nietzsches Seiltänzer-Parabel als Teil der Diskurse über die Funambulistik.[3] Der moderne Philosoph argumentiert nicht unabhängig von der historisch gewachsenen Semantik, wenn er die darin angelegte Subjektproblematik im Sinne einer Krisenanalyse freilegt. Nietzsche spielt den Pathologen, der an einer als dekadent und angekränkelt wahrgenommenen *conditio humana* arbeitet. In der sonderbaren Kopplung von enthusiastischer Verkündigungsrhetorik und einem Inhalt, dem eine depressive Gestimmtheit zu entnehmen ist, kommen die Widersetzlichkeiten, mit denen das seiltänzerische Subjekt zu tun hat, zum Ausdruck. Die These lautet, dass *Also sprach Zarathustra* als Diskurs der Bipolarität gelesen werden kann.

In den ersten Sätzen der Erzählung wird ein befremdlicher Held eingeführt. Der Eremit Zarathustra lebt seit zehn Jahren im Gebirge, wo er sich in einer Höhle zum Weisen erzogen hat. Er benötigt keine Gefolgschaft, um seinen Weisheitsstatus zu legitimieren; der Solipsist generiert Ich-Sicherheit aus sich selbst. Die Gewichtigkeit dieser Souveränität wird mit einer intertextuellen Referenz auf das Höhlengleichnis Platons untermauert. Zarathustra tritt aus seiner Höhle und schaut zur Sonne hinauf, um sie anzusprechen: «Zehn Jahre kamst du hier herauf zu meiner Höhle […].» Ganz anti-kopernikanisch dreht sich der Aspirant der Höhe nicht um die Sonne, die eingebildete Egozentrik bewirkt, dass die große Geberin des «Überflusses» zu ihm kommt.[4] Bei Platon erkennt der höhlenbefreite Mensch die Sonne als Ursprung von allem und als letztes Erkenntnisobjekt. Zarathustra hingegen sieht in ihr ein Vorbild. Er fasst den Entschluss – so wie die Sonne zu den Menschen kommt, um ihnen das Licht zu schenken –, zu den Menschen in die Tiefe zu steigen, um dort seine Weisheit in größter Freigiebigkeit zu verteilen. Aus psychiatrischer

---

tingen 2023, S. 205ff. Die textsensible Auslegung geht insbesondere auf motivische und strukturelle Reibungspunkte ein.

3 Wojciech Kunicki nimmt sich zwar vor, «die berühmte Seiltänzer-Episode aus Zarathustras Vorrede Nietzsches zu analysieren und in den Kontext der diversen Seiltänzer-Vorstellungen zu stellen», doch kann man bei ihm lediglich eine Ansammlung von literarischen Hinweisen auf die Metapher finden, ohne dass eine intertextuelle Spur kenntlich gemacht wird. Wojciech Kunicki: Über den Seiltänzer, in: Marta Kopij, Wojciech Kunicki (Hg.): Nietzsche und Schopenhauer: Rezeptionsphänomene der Wendezeiten, Leipzig 2006, S. 223–235.

4 Friedrich Nietzsche: Also sprach Zarathustra/Vorrede [1883], München 2022, S. 7.

Perspektive müsste man diesem Visionär einen psychotoiden Größenwahn diagnostizieren.[5]

Zarathustra/Nietzsche entwickelt eine evolutionäre Idee, wonach der Mensch in einem fluiden Verhältnis zu nicht-menschlichen Entitäten steht: Tier, Pflanze, Gespenst, Stern, Seil, Brücke, Blitz und Übermensch. Der Mensch ist ein Hybrid, ein Zwischending, unfertig, entwicklungsfähig, bestimmt für das Höhentraining des Geistes und des Körpers, um über sich selbst hinauszuwachsen.

Nietzsche erwähnt den Affen, eine Darwin-Allusion, der das lächerliche Abbild des Menschen darstelle, der selbst nur als ein lächerliches Übergangsphänomen auf der Stufenleiter der Entwicklung anzusehen sei. Trotz der Bezugnahme auf den Evolutionstheoretiker folgt das Phantasma vom Übermenschen nicht dem evolutionsbiologischen Paradigma, eher ist es eine Reaktion auf den verbreiteten Progressionismus des 19. Jahrhunderts, der alles und jeden in den Sog des Zukünftigen einzuschließen suchte. Dennoch verstünde man die sonderbare Emphase Zarathustras nicht, wenn man die sich parallel entwickelnden Degenerationslehren unberücksichtigt ließe. 1857 erscheint Bénédict Augustin Morels *Abhandlung über die physischen, intellektuellen und moralischen Entartungen des Menschengeschlechts*, eine Lehre, die enorme inspirierende Wirkung entfaltete. Das 19. Jahrhundert bildete eine Sensibilität für das Abweichende, Kranke, Entnormierte, Atavistische aus, was in anthropologischen und psychiatrischen Theorien aber auch in der Literatur des Naturalismus und der Décadence zum Ausdruck kam. Die Rede vom *Über* mutet wie eine grandiose Abwehrgeste an, die gegen das Verfallsrisiko des Menschen gerichtet ist.

Nietzsche lässt seinen Weisen nicht zufällig von oben nach unten in die Niederungen der menschlichen Kultur steigen, ein Hinweis auf die Gestuftheit der Existenz. Der Teil-Übermensch Zarathustra begibt sich wie Sokrates auf den Markt, wo gegen die Erwartung nicht mit Waren gehandelt oder Politik gemacht wird; dort wartet das Volk auf einen Seiltänzer. Die Platzierung beider Akteure im selben räumlichen Dispositiv entspricht der Seiltänzer-Philosoph-Konstellation bei Klinger und Artist-Künstler-Konstellation

5 Auch Daniel Paul Schreber unterhält eine intensive Beziehung zur Sonne, die mit ihm spricht, ihm folgt, mit der er sich identifiziert. Daniel Paul Schreber: Denkwürdigkeiten eines Nervenkranken, Leipzig 1903.

bei Goethe. Die Nietzsche-Interpreten sind sich nicht einig, ob die Geist-/Leibkünstler-Zusammenschaltung als Indiz für beider Übermenschentum zu deuten ist. Entscheidend ist meines Erachtens, dass die Inszenierung beide als Prominente, als Herausgehobene auftreten lässt[6], die mit der Aufmerksamkeit des Publikums rechnen. Sind bei Klinger die Sensationsbegierigen die passive Bedingung und Legitimation der künstlerischen Sonderstellung, folgt Nietzsche dem Goethe'schen Konzept der Vorbildlichkeit der Künstler. Sie sollen den Unentwickelten die Lehre vermitteln, dass es sich lohne, sich aus der genügsamen Herde herauszuarbeiten. In einem dreifachen Stakkato wirft der selbsternannte Charismatiker seinen Zuhörern deren Dasein im «erbärmliche[n] Behagen»[7] vor und bezeichnet sie verächtlich als «letzte Menschen».[8] Die Rollenverteilung ist deutlich hierarchisch, denn anders als Sokrates sucht der Höhenflüchtling nicht den Dialog, er okkupiert die Bühne des Akrobaten und spricht monologisch-belehrend zu einem Publikum. Dieser Distanz entspricht, dass Zarathustra mit seiner bildlichen Sprache der Lebenswelt der Angesprochenen fernbleibt; er spricht als Künstler zu Nicht-Künstlern. Das Volk reagiert, indem es Zarathustra auslacht. Einer schreit ihm zu: «Wir hörten nun genug von dem Seiltänzer; nun lasst uns ihn auch sehen!»[9] Der Zwischenruf ist ein literarischer Kniff Nietzsches mit einer doppelten Referenz. Der Satz besagt zunächst, dass die Menschen glauben, die Ankündigung des *show act* gehört zu haben, obwohl Zarathustras mit keinem Wort den Seiltänzer erwähnt hat. Gleichzeitig wird die innerdiegetische durch die außerdiegetische Funktion des Rufs ergänzt: Die Leser des Textes werden sinnkonstruktiv auf die Figurenrelation hingewiesen, wonach es eine Identität von Übermensch und Seiltänzer gibt, die von Beginn an durch die Bühne angelegt ist. Die Überblendungslogik des Satzes «Wir hörten genug von dem Seiltänzer» lässt sich weitergehend auch auf den Redner beziehen. Nietzsche baut auf diese Weise die semantische Reihe Seiltänzer, Zarathustra, Übermensch, um die Spannung zwischen anonymem Publikum und herausgehobenem Individuum zu veranschaulichen. Der gleichnishafte Text verdeutlicht, dass das performende Subjekt, mal in der Rolle des Artisten, mal in der des Intellektuellen, ein «er-

6 Sloterdijk: Du mußt dein Leben ändern, S. 182.

7 Nietzsche: Zarathustra, S. 12.

8 Ebd., S. 16.

9 Ebd., S. 13.

regendes Schauspiel gewähr[t]», wie es Klinger formuliert. Im Laufe der Geschichte verfliegt jedoch die Zuversicht, dass die öffentlichen «Experimente» Bewunderung bewirken. Der Ausruf ist hämisch konnotiert, er drückt unmissverständlich aus, dass das Gerede aufzuhören habe, der Seiltänzer möge nun für angemessene Unterhaltung sorgen.

An dieser Stelle ist auf Pascal zurückzukommen, den Nietzsche gründlich gelesen und den er «beinahe geliebt» hat.[10] Wie oben dargelegt, war es Pascals Anliegen, die hierarchischen gesellschaftlichen Verhältnisse mit ihren Konfliktpotenzialen zu beruhigen. Die erfinderischen, großen und seiltänzerischen Menschen wollte er nicht von den «gewöhnlichen Menschen» absondern, für Pascal waren alle Gesellschaftsmitglieder geerdeten Wesen, denen kein Recht auf Höhenflug zukommen sollte. Zarathustra übernimmt das Motiv der Erde, die er nicht weniger als zwölf Mal erwähnt. Ihr, der Erde muss der Mensch sich verpflichtet fühlen, er darf sich nicht in «überirdische Hoffnungen»[11] verirren. Allerdings ist es ihm aufgegeben, sich aufsteigend fortzuentwickeln, um sich des Menschseins gewiss zu werden. Die Tragik dieser *conditio* liegt darin, dass die Kluft zu den letzten Menschen nicht mehr überbrückbar erscheint; deren Lebenswelt ist ein – wie es Hans Blumenberg formuliert – «System der Verteidigungsfähigkeit ihrer Selbstverständlichkeit».[12] Das Volk will amüsiert, nicht belehrt werden. Zarathustras großzügige Gabe an die Menschen wird nicht angenommen. Er beschreibt das Schicksal des modernen Intellektuellen, der um die Gunst der Masse wirbt, um am Ende eine lächerliche und verächtliche Gestalt abzugeben: «Und nun blicken sie mich an und lachen und indem sie lachen, hassen sich mich noch. Es ist Eis in ihrem Lachen.»[13] Die Macht der Überzeugung, an die Pascal glauben mochte, wirkt bei Nietzsche nicht mehr.

Das Scheitern und der Schmerz haben damit noch kein Ende gefunden. Nachdem Zarathustra verstummt ist, wechselt die Erzählperspektive und an die Stelle des Monologs tritt die Sachlichkeit der auktorialen Erzählung, mit der der Auftritt des Seiltänzers geschildert wird. Nietzsche bedient sich einer

10 «Pascal, den ich beinahe liebe, weil er mich unendlich belehrt hat: der einzige logische Christ». Friedrich Nietzsche, Brief an Georg Brandes, 20. November 1888, in: ders: Werke in drei Bänden. Band 3, hg. v. Karl Schlechta. München 1954, S. 1334.

11 Nietzsche: Zarathustra, S. 14.

12 Hans Blumenberg: Theorie der Lebenswelt, Berlin 2010, S. 82.

13 Nietzsche: Zarathustra, S. 18.

Abb. 22: Flugblatt der Kolterschen Seiltänzer-Gesellschaft, 1825

vermutlich wahren Geschichte um den berühmten deutschen Seiltänzer Wilhelm Kolter (Abb. 22), die sich 1818 zugetragen haben soll und 1875 in der Familienzeitschrift *Die Gartenlaube* ihre populärmythische Überlieferung erfuhr.[14] Die Funktionalisierung als Parabel vertieft die Dramatik der Vereinsamung Zarathustras und seiner zwiespältigen Identität.

«Da aber geschah etwas, das jeden Mund stumm und jedes Auge starr machte.»[15] Mit diesem Satz beginnt in plötzlicher Wendung die Narration des dramatischen Ereignisses auf dem Seil. Ein namenloser Akrobat schreitet auf einem Seil zwischen zwei Türmen über das Volk hinweg. Nicht jedoch er ist es, der das Publikum in Staunen versetzt, sondern ein «Possenreißer», der sich plötzlich auf dem Seil zeigt.

> ‹Vorwärts, Lahmfuß›, rief seine fürchterliche Stimme, ‹vorwärts Faultier, Schleichhändler, Bleichgesicht! Dass ich dich nicht mit meiner Ferse kitzle! Was treibst du hier zwischen Türmen? In den Turm gehörst du, einsperren sollte man dich, einem Bessern, als du bist, sperrst du die freie Bahn!› – Und mit jedem Worte kam er ihm näher und näher: als er aber nur noch einen Schritt hinter ihm war, da geschah das Erschreckliche, das jeden Mund stumm und jedes Auge starr machte: er stieß ein Geschrei aus wie ein Teufel und sprang über den hinweg, der ihm im Wege war. Dieser aber, als er so seinen Nebenbuhler siegen sah, verlor dabei den Kopf und das Seil; er warf seine Stange weg und schoß schneller als diese, wie ein Wirbel von Armen und Beinen, in die Tiefe. Der Markt und das Volk glich dem Meere, wenn der Sturm

14 Friedrich Hoffmann: Der Sieger von Aachen. Ein Culturbild der vagirenden Künstlerschaft, in: Die Gartenlaube, Heft 39 (1875), S. 652–655. Eingehender und quellenbasiert schildert Kunicki die populär-mythologische Verbreitung der Kolter-Anekdote. Er erwähnt allerdings nicht Hoffmanns Text. Kunicki: Seiltänzer, S. 229–232.

15 Nietzsche: Zarathustra, S. 19.

> hineinfährt: Alles floh auseinander und übereinander, und am meisten dort, wo der Körper niederschlagen musste.[16]

Die Steigerungslogik erscheint mit einem Mal nicht als Erlösung, sondern als erbitterter Konkurrenzkampf. Die Fähigkeit, höher, schneller und wendiger zu springen, bedeutet Gefahr für den Schwächeren. Es ist eine bemerkenswerte Wendung, dass Nietzsche seinen Zarathustra Mitleid mit dem Gefallenen empfinden lässt. Gerade noch am Leben fürchtet der Verletzte, in die Hölle zu kommen. Zarathustra beruhigt ihn mit der Gewissheit, dass es weder Hölle noch Teufel gäbe. Im Licht der verlorenen Metaphysik sagt der arme Mann den erstaunlichen Satz: «Ich bin nicht viel mehr als ein Tier, das man tanzen gelehrt hat, durch Schläge und schmale Bisse.»[17] In dieser Aussage versachlicht sich die Goethe'sche Perspektive der Virtuosität als inhaltsleeres Könnertum zur trüben Wirklichkeit eines ziellosen, darbenden Lernens. Der Eremit will dem aber noch etwas abgewinnen und lobt die Gefahr, die der Seiltänzer zum Beruf gemacht habe. Die Vorbildlichkeit der Bildung jedoch, die Goethe und Klinger in der Seilkunst erkannten, ist mehr als fraglich geworden. Die Strecke zwischen glorreicher Höhe und staubiger, blutiger Erde, zwischen Übermensch und Tier, ist zu kurz, um noch den Glauben an das Überschreitungsversprechen hegen zu konnen.

Zarathustra will den Gefallenen ehren, indem er ihn würdig zu Grabe trägt. Es folgt die Schilderung einer *Via Dolorosa*, die als Stimmungsbild einer Depression gestaltet ist: Der Eremit nimmt den Leib des Toten auf den Rücken, verlässt die Stadt durch die dunklen Gassen und geht stundenlang durch den nächtlichen Wald, um ihn am Ende in einem hohlen Baum abzulegen. Die leibliche Intimität zwischen dem Lebenden und dem Toten zeigt tragische Nuancen, die dem Enthusiasmus des Blitzes und des Tanzes über dem Abgrund widersprechen. Die Vereinigung des Philosophen und des Artisten wird zum Inbild der Last, Verlassenheit und des Scheiterns.

Zarathustras Seiltänzer-Denken und -Fühlen ist nicht dialektisch konstruiert, womit angedeuten würde, wie Erfahrungen zu einer neuen Qualität der Selbst- und Wirklichkeitserkundung umgeformt werden können. Der Protagonist handelt und denkt bipolar, er schwankt zwischen Potenzialitäten.

16 Ebd.

17 Ebd., S. 20.

Der Possenreißer spielt darin die Figur der Schaltstelle. Dessen Aggressivität richtet sich auch gegen Zarathustra, dem er zuraunt, die Stadt zu verlassen, weil man in ihm einen verhassten, erniedrigten, possenreißerischen Menschen erkannt habe. Er droht dem Philosophen das gleiche Schicksal wie dem Gestürzten an: «Geh aber fort aus dieser Stadt – oder morgen springe ich über dich hinweg, ein Lebendiger über einen Toten.»[18] Zarathustra gehorcht und nimmt die Erkenntnis an: «Eine Mitte bin ich noch den Menschen zwischen einem Narren und einem Leichnam.»[19]

Nach den Erfahrungen des Kommunikationsscheiterns, des Todes, der Erniedrigung und Vertreibung endet die Vorrede mit einem trotzigen Bekenntnis. Nicht mehr das Volk will Zarathustra ansprechen, sondern andere Einsiedler, Menschen, die «Ohren für Unerhörtes»[20] haben. Die Erfahrungen werden nicht resümiert, sondern umgedeutet in Bestätigung der fraglosen Weisheit. Zarathustra wechselt unvermittelt vom depressiven Modus zum manischen Aktivismus. Kaum hat er sich des Toten entledigt, identifiziert er sich mit dem Possenreißer – eine Identifikation, die dem Aggressor gilt: «Zu meinem Ziele will ich, ich gehe meinen Gang; über die Zögernden und Saumseligen werde ich hinwegspringen. Also sei mein Gang ihr Untergang!»[21]

Zarathustras Vorhaben, der Gesellschaft wieder den Rücken zuzukehren und stattdessen eine Gefolgschaft aus Jüngern zu bilden, entspricht der zeitgenössischen Tendenz zur Sektenbildung. Um 1900 sondern sich ästhetische und lebensreformerische Gemeinschaften vom Mainstream ab und suchen den Schutz in exklusiven und seklusiven Milieus. Barbara Mahlmann-Bauer schreibt: «Nietzsches frühe Leser glaubten, dass die ästhetische Faktur – die Einkleidung der Reden Zarathustras in eine biographische Erzählung, die Gleichnisse, die Rätsel, Träume, Visionen und allegorischen Handlungen – Spielräume für psychologische Interpretationen und für Übertragungen auf die eigene Lebenssituation boten.»[22] Die Verachtung für die Masse korres-

18 Ebd., S. 22.

19 Ebd., S. 21.

20 Ebd., S. 25.

21 Ebd.

22 Barbara Mahlmann-Bauer: Also sprach Zarathustra – Vademecum für Aussteiger und Lebensreformer, in: Barbara Mahlmann-Bauer, Paul Michael Lützeler (Hg.): Aussteigen um 1900. Imagination in der Literatur der Moderne, Göttingen 2021, S. 51–140, hier: S. 70–71.

pondiert mit einer Selbstadelung, die in Metaphysiken der Freiheit und in asketischen Selbstexperimenten ihren Ausdruck findet. Wie immer man den philosophischen Gehalt des Zarathustra deutet, der Text stellt das Dokument einer Entfremdung dar. Die Suche nach «innerweltlicher Erlösung: vom Alltag und, vor allem, auch von dem zunehmenden Druck des theoretischen und praktischen Rationalismus»[23] wird in einer Zeit zur intellektuellen Forderung, in der ethische Allgemeingültigkeiten längst verdampft sind. Das Bekenntnis Zarathustras zum Possenreißertum ist ambivalent. Die damit legitimierte Aggressivität einschließlich «verantwortungslosen Genießens und geheimer Lieblosigkeit»[24] kann einerseits die Grundlage für Formen des revolutionären Habitus bilden. Andererseits ist der Identifikation mit marginalisierten Figuren wie Possenreißer und Seiltänzer ein prekärer Idealisierungsmechanismus eingeschrieben: Gesellschaftlich wenig anerkannte Qualitäten werden zu Ausweisen der eigenen Besonderheit aufgewertet. Schicksalhaftes Außenseitertum verwandelt sich in scheinbar selbstbestimmtes Aussteigertum. Aus dieser Mechanik erklärt sich, warum im Gegensatz zu den Vorläufern der Gedanke der Virtuosität bei Nietzsche keine entscheidende Rolle mehr spielt. Für den Outsider stehen die Motive der provokanten Überschreitung und der eulenspiegelhaften Dreistigkeit als Gesten des Protestes gegen die bürgerliche Behaglichkeit im Vordergrund. Der Seiltänzer springt oder fällt, er schimpft und schreit oder stirbt. Mehr ist über ihn nicht zu sagen. Nietzsche – ein Seiltänzer zwischen Mitgefühl und brutaler Überheblichkeit? Ein psychischer Suspense durchzieht den Text, Begeisterung wechselt mit Armseligkeit, vermutlich auch ein Ausdruck der von Nietzsche zu Lebzeiten erlittenen Resonanzlosigkeit. Jenseits möglicher biografischer Ursachen lässt sich die zarathustrische Bipolarität auch kulturanalytisch verstehen: Die Moderne verspricht mehr, als die Subjekte zu realisieren in der Lage sind. Nietzsches Mischung aus Gewalt und Versagen fügt der Seiltänzer-Semantik am Ende des 19. Jahrhunderts eine neue wiewohl entschieden dunkle Färbung hinzu.

23 Max Weber: Gesammelte Aufsätze zur Religionssoziologie I [1920], Tübingen 1988, S. 555.

24 Ebd.

Abb. 23: Berthe Morisot: *Danseuse de corde*, 1886

Gynoästhetik

Zweihundert Jahre nach Johann Beer, einhundert Jahre nach Johann Wolfgang von Goethe und wenige Jahre nach Friedrich Nietzsche nimmt Frank Wedekind das Thema der seiltänzerischen Könnerschaft und der metaphysischen Versinnbildlichung wieder auf. 1887 und 1888 besucht er Zirkusveranstaltungen, die ihren literarischen Niederschlag in zwei Feuilletons für die *Neue Zürcher Zeitung* finden. Wedekinds Texte gehören nicht zum Genre der Kritik, das anspruchsvolle Feuilleton ist ein Medium zur Formulierung von geistvollen Gedanken, mit denen Wirklichkeitsaspekte beleuchtet und zuweilen philosophische Reflexion angestellt werden.[1] Die Texte, die auch von Reitkunststücken, Elefantendressur, Clowns und den Reaktionen des Publikums Bericht geben, sind vor allem von Interesse, weil Wedekind die Seiltänzerkunst auf singuläre Weise ausdeutet. Im Kontext der historischen Semantik markieren sie eine kulturkritische Haltung, die nicht weniger als einen Paradigmenwechsel darstellt.

In einer «vergleichenden Ästhetik»[2] hebt Wedekind die Exerzitien auf dem Stahlband auf die Höhe der Allegorie. Als Vergleichspraxis führt er die

---

1 Die Germanistik hat die Essays «Zirkusgedanken» und «Im Zirkus» mit eingehenden Interpretationen gewürdigt: Anna Luhn: Überdehnung des Möglichen. Dimensionen des Akrobatischen in der Literatur der europäischen Moderne, Göttingen 2023, S. 233–249; Thomas Wegmann: Zu einem Topos literarischer Ästhetik im Kontext zirzensischer Künste: in: Zeitschrift für Germanistik, 20(3), 2010, S. 563–582, hier: S. 578; Katrin Hafemann: Schamlose Tänze. Bewegungs-Szenen in Frank Wedekinds Lulu-Doppeltragödie und Mi-ni-Haha oder Über die Erziehung der jungen Mädchen, Würzburg 2010, S. 28–31; Margarete Fuchs: Von Risiko, Schwindel und Balance. Circensische Äquilibristik, in: Eckart Goebel, Cornelia Zubusch (Hg.): Balance. Figuren des Äquilibriums in den Kulturwissenschaften, Berlin, Boston 2020, S.193–204, hier: S. 201–202.

2 Frank Wedekind: Zirkusgedanken (1887), in: Werke. Kritische Studienausgabe, Bd. 5/II, Darmstadt 2013, S. 94–106, hier: S. 102.

Trapezkunst an, diese auf Kraftübungen basierende Luftakrobatik stelle eine «vollständig entgegengesetzte Kategorie»[3] zum Seiltanz dar. Wer die Füße vom Boden abhebt, um zum «Wolkentreter»[4] zu werden, der ähnele den Idealisten, die mit der Wirklichkeit der Menschen nichts mehr zu tun haben. Die Wüstenprediger, Säulenheiligen und politischen Schwärmer erheben sich über die Menschen und genügen sich in ihrer Individualität. Hingegen jene, die mit «gemessenem Tanz und dem anmuthigen Spiel der Arme» balancieren, liefern das Beispiel für «Menschen, die sich aus den jeweils gegebenen Lebensverhältnissen ein Bild von gewisser Vollkommenheit herauskonstruieren».[5] Die Sorge um Balance und die Konzentration bei jedem Schritt sind Tugenden, aus denen ein Können für Selbst- und Wirklichkeitsbeherrschung entspringt:

> Alles Schwärmen, alles Hingeben der Persönlichkeit an abstrakte Probleme erklären sie für Unsinn. In jüngeren Jahren haben sie sich auch einmal damit befaßt, sind aber davon zurückgekommen, weil solches Treiben immer auf Abwege führt. So sind sie denn, ein Jeder auf seiner Bahn, gründliche Gelehrte, gewissenhafte Beamte, geschickte Handwerker, allsorgende Hausväter, liebende Mütter oder endlich harmonisch ausgebildete ‹Menschen› geworden.[6]

Wedekind wendet sich nicht nur von Goethes Virtuosenästhetik und Klingers Transzendenzidee ab, auch wird eine dezidiert anti-nietzscheanische Position formuliert. Es gibt Hinweise, dass Wedekind den *Zarathustra* bereits 1884 kannte.[7] Auch wenn nicht entschieden werden kann, ob die Feuilletons als implizite Entgegnungen aufgefasst werden können, so legen spätere Schriften Wedekinds kritische Haltung gegenüber dem artistischen Übermenschen offen dar.[8] Wedekind holt die Seiltanzkunst vom Himmel auf die Erde und funktionalisiert die Allegorie als soziologische Typenlehre. Zudem enthält sie eine Neubewertung, denn an die Stelle der althergebrachten Negativ-Vorstellungen von lebensferner, riskanter und eitler Kunstfertigkeit tritt das Gegenteil: Der

3 Ebd., S. 99.

4 Ebd.

5 Ebd., S. 98, 100.

6 Ebd., S. 100.

7 Stefan Riedlinger: Aneignungen – Frank Wedekinds Nietzsche-Rezeption, Dissertation Universität Augsburg, 2004, S. 7.

8 Ebd., S. 98ff.; Luhn: Überdehnung, S. 233ff.

Seiltanz wird zur Verkörperung der Wirklichkeitsbeherrschung und kultureller Vorbildlichkeit. Während Wedekind einen «Niedergang der Tanzkunst auf der Bühne» konstatiert, erkennt er in der Seilkunst einen Gewinn an Zivilisiertheit und Salonfähigkeit.[9]

Neben diesen semantischen Innovationen ist ein bisher wenig beachtetes wiewohl auffälliges Darstellungsdetail hervorzuheben. Die Zirkusakrobaten werden nicht geschlechtsabstrahierend mit dem generischen Maskulinum bezeichnet, sondern ausschließlich in der weiblichen Form: Seiltänzerin, Stahlbandvirtuosin. Die Feminisierung der Artistik hat zunächst ihren banalen Grund in der Tatsache, dass in den von Wedekind besuchten Veranstaltungen Frauen das Seil bespielten: Im frühen Text werden «Señorita Emma», im späteren «Frl. E.B.» (Ella Belling) erwähnt. Mit der Institutionalisierung des Zirkus im 19. Jahrhundert setzt sich fort, was bereits in der Renaissance begann: Die Außenseiterstellung der Artistik neben den anerkannten sozialen Regimen (Hof, bürgerliche Familie, Berufsorganisation etc.), in denen rigidere geschlechtsspezifische Zuordnungen herrschten, erlaubte die Herausbildung von Sonderrollen. Vor allem die Funambulistik als Körperkunst, die auf akrobatische Selbstbeherrschung unter Verzicht auf athletisches Krafttraining beruht, ermöglichte Frauen einen Zugang zur Gleichstellung neben den männlichen Seilartisten. Wedekinds Text geht jedoch über die soziale Referenz hinaus. Die Allegorisierung der Tänzerin impliziert eine Modellbildung, die auch die Männer betrifft – was die Aufzählung der bürgerlichen Idealberufe belegt. Die Favorisierung der feminisierten Seil- gegenüber der Trapezkunst bringt Wedekind nicht nur durch die gegensinnigen Semantiken zum Ausdruck. Die Virtuosinnen auf dem Stahlband erfahren durch poetisierende Versprachlichung eine Ehrbezeugung:

> Das Band unter ihren [Emmas] Füßen regt sich nicht; und wir halten das eben so lange für die erste Grundbedingung ihrer Tätigkeit, bis sie plötzlich selber beginnt, daran zu rütteln, zu schütteln und es hin und her zu werfen, so daß es sich unter der Last ihres schlanken Körpers wiegen und schaukeln muß, wie im Abendwinde ein Birkenzweig.[10]

9 Frank Wedekind: Im Zirkus (1888), in: Werke. Kritische Studienausgabe, Bd. 5/II, Darmstadt 2013, S. 111–114, hier: S. 113.

10 Wedekind: Zirkusgedanken, S. 97.

Wenn sich Emma am Ende der Vorführung mit voller Absicht vom Seil fallen lässt, um sich im darunter hängenden Netz auffangen zu lassen, dann entzückt das den intellektuellen Betrachter:

> Aber da geschieht etwas Überraschendes. Ein auf halber Höhe ausgespanntes weitmaschiges Netz, das sich bisher vollständig unserer Aufmerksamkeit entzogen, fängt die bereits allgemein Betrauerte mit liebevoller Nachgiebigkeit auf und senkt und hebt sich mit ihr wie die Blume, auf die sich ein Schmetterling niedergelassen.[11]

Für Wedekind sind die Produktionen durchwirkt von Anmut, Leichtigkeit und Zartgefühl. Er lässt es nicht aus, auch die Rezeption durch das Publikum zu benennen, die sich in «offener Herzensfreude» äußert. Dabei geht er im Speziellen auf die «urtheilende Damenwelt» ein, die in «stumme lächelnde Bewunderung versinkt» und sich einer «Anwandlung von Menschlichkeit» nicht erwehren kann.[12] Nicht nur verleiht Wedekind der Tänzerin den mythischen Titel der Terpsichore – Muse, die das Tanzen, die Schönen Künste und die Wissenschaften erfunden haben soll –, der abschließende Applaus wird mit einer Naturmetapher gefeiert: «die Arena füllt sich mit Blumen».[13]

Derartige phantasmatische Überhöhungen verfolgen eine kulturkritische Intention. Die leibästhetische Erscheinung des Blumigen und Luftigen, der Grazie und der stolzen Bewusstheit opponiert gegen maskuline Prahlerei und Kraftmeierei. In beiden Texten macht Wedekind eine Anspielung, die sich gegen die verbreitete Tendenz zum Sensationalismus in der Unterhaltung wendet. Mit geradezu bösartiger Absicht schildert er in «Zirkusgedanken» einen Esel, den man im Anschluss an einen «herrlichen Trakehnerhengst» in die Arena führt, um mit ihm ebenfalls das Reiten in «hoher Schule» zu praktizieren, was den «raschen Übergang vom Erhabenen ins Lächerliche» bewirkt.[14] Wedekind nennt das verulkte Tier *Blondin*. Charles Blondin war im 19. Jahrhundert der Superstar des Hochseils. Er hatte 1859 als erster Mensch die Niagara-Schlucht auf dem Seil überquert, und seine Shows zeichneten sich

---

11 Ebd., S. 101.

12 Wedekind: Im Zirkus, S. 111.

13 Ebd.

14 Wedekind: Zirkusgedanken, S. 105.

durch allerlei Gimmicks aus (Abb. 24).[15] Auf die Niagara-Performance geht Wedekind explizit im zweiten Zirkusessay ein; darin bezeichnet er das Show-Ereignis als «obdachlose Seiltänzerei» und «haarsträubenden Triumph», das aus «halsbrecherischen Effekte[n]» bestehe. Der europäischen weiblichen Variante hingegen attestiert er «gesteigertes Raffinement, eine feinere Detailausführung».[16] Im Seiltanz der Frau verkörpern sich Kultur, Sublimierung, Friedfertigkeit, ein utopisches Leuchten.

Abb. 24: Fratelli Alinari: *Charles Blondin*

Wedekind zeichnet die Konturen einer idealistischen Gynoästhetik, in der der «Kunstgenuß» die erfahrene Leibsinnlichkeit in Metaphysik umschlagen lässt: «Die Ruhe, mit der die Künstlerin ihre Aufgabe zu Ende führt, die Wahl ihrer Posen und wie sie jede derselben zum abgeschlossenen Genrebild zu gestalten weiß, die Gemessenheit ihrer abgerundeten Bewegungen, das alles ist wohl im Stande, uns die Grenzen zwischen Körperlichem und Geistigem vergessen zu lassen.»[17]

Es mag aus heutiger Sicht erstaunen, dass der intellektuelle Zirkusbesucher mit Blick auf den Körper erwähnen muss, dass die Tänzerin «schlank» ist – was man gemeinhin von einer Artistin erwartet. Ein Artikel der *Neuen Zürcher Zeitung* über eine Vorstellung des *Zirkus Wulff*, der einen Monat vor den «Zirkusgedanken» erschienen war, endet ebenfalls mit einer ähnlichen

15 Er ging mit verbundenen Augen, in einem übergestülpten Sack, eine Schubkarre rollend, auf Stelzen, einen Mann auf dem Rücken tragend auf dem Seil; oder er setzte sich an einen Tisch und aß ein Omelett, stand auf einem Stuhl, der nur mit einem Bein das Seil berührte.

16 Wedekind: Im Zirkus, S. 113.

17 Ebd., S. 112–113.

Beobachtung: «[…] zum Schluß bemerke ich gerne, daß sämtliche Damen, die bis jetzt aufgetreten sind, sehr graziös sind.»[18] Die Pastellzeichnung einer *Danseuse de corde* (1886) der französischen Impressionistin Berthe Morisot veranschaulicht, mit welchem Körperbild das zeitgenössische Publikum vertraut gemacht wurde (Abb. 23). Der Gegensatz zu den verhüllten und korsettierten bürgerlichen Frauen mutet provokant an. Die ferdergleiche Zartheit und Wehrlosigkeit erweisen sich vor der puritanischen Wirklichkeit als Aufforderung zu mehr Beweglichkeit, zur Gleichgewichtsbestimmung aus innerer Motivation. Wedekind hat Ella Belling zwei Gedichte gewidmet. In «Fräulein Ella Belling», verfasst im gleichen Jahr wie «Zirkusgedanken», heißt es:

> Deiner Lippen lauschig erschlossener
> Blumenpurpur auf samtener Au,
> Deines Mieders glanzübergossener
> Frühlingsmorgen im Silbertau,
> Anmutschwellend und vielgestaltig
> Schaukelnd, gaukelnd in leichtem Sinn[19]

So fremd der schwärmerische Lyrismus heute anmutet, er ließe sich auch auf die Zeichnung Morisots beziehen. Die Abkehr von der großen Kunst und ihrer Moralschwere zugunsten des Zirkus und der schmetterlingshaften Feminität bereitet die Moderne vor. Die Gegenwelt des Zirkus wird als Versprechen gegen die Langeweile, das Verordnete und Erstarrte erlebt. Die Übungen auf den Schwingungen des Seils, das Ornament der Armbewegungen, das Leuchten des Kostüms, die Vorsicht beim Schreiten, die Vibration des Eros und die trainierte Feinfühligkeit in den Füßen rufen die Sehnsucht nach einer Zivilisation der ästhetischen Ausgewogenheit hervor. Ernst Bloch erkennt im Zirkus «eine eigene Wunschwelt aus Exzentrik und präziser Leichtigkeit».[20] Mit Bloch'schem Blick lassen die Texte Wedekinds über den Seiltanz nicht nur die *Neue Frau* erahnen, sie enthalten ein Zukunftsleuchten, das eine sensiblere

18 Zit. n. Frank Wedekind: Werke. Kritische Studienausgabe, Bd. 5/III, Darmstadt 2013, S. 909.

19 Frank Wedekind: Fräulein Ella Belling [1887], in: Frank Wedekind: Gesammelte Werke, Bd. 8, München 1920, S. 52–53, hier: S. 53; Frank Wedekind: Ella Belling. Sonnen, Mond und Sterne (1912), in: Frank Wedekind: Lautenlieder, München 1989, S. 197–198.

20 Ernst Bloch: Das Prinzip Hoffnung, Bd. 1, Frankfurt a.M. 1977, S. 423.

Gemeinschaftlichkeit denkbar werden lässt. Das Wort von der Leichtigkeit bei Bloch und Wedekind bildet den gedanklichen Mittelpunkt. Die schlanke Gestalt mit ihren Bewegungen im labilen Zustand sowie das Schaukeln und Gaukeln versprechen eine Existenz der Entlastung. Wedekind befindet sich in einer historischen Situation, in der erkennbar wird, dass die lächerliche, überhebliche, kulturfeindliche und letztlich brutale Männlichkeit in Opposition zur lebensästhetisch feingestimmten, poetischen, zivilisierungs- und kulturfördernden Weiblichkeit steht. Mag Wedekind auch den Seiltanz mit Überbedeutung versehen, seine Konstruktion enthält einen erweiterten Fortschrittsgedanken, der nicht auf Überbietung basiert: Ideen der Selbstvervollkommnung, Schönheit und Kunst bei gleichzeitigem Realitätssinn bilden den Vorschein auf ein anderes Sein, auf eine noch nicht formulierte Kultur der Feminität.

Wedekinds Betonung des Weiblichen stellt einen Sonderfall in der Geschichte der Artistik dar. Zwar werden Akrobatinnen, wie Anna Luhn in ihrer materialreichen Studie belegt, «im 19. Jahrhundert zahlreich zu Objekten eines auch literarisch artikulierten Begehrens». Allerdings muss die Autorin konstatieren, dass der literarische Korpus eine «geschlechtliche Eindimensionalität» aufwcisc. Es sind allcin Schriftsteller, die das Akrobatische als «reflexive Figur» behandeln und dabei mit einem «modernen (Selbst-)Verständnis von Virilität konform gehen».[21] Den schreibenden Männern wird ein Fehldenken diagnostiziert, das nicht in der Lage ist, weiblich strukturierte Semantik oder Ästhetik zu erkennen. Als reflektierender Mann fiele Wedekind in das Luhn'sche Raster, würde er nicht quer zur behaupteten «Monogeschlechtlichkeit» stehen. Obwohl Luhn den Essays ein ausführliches *Close Reading* widmet, entgeht ihr sonderbarerweise die wertende Konstruktion oppositionärer Bi-Geschlechtlichkeit. Demgegenüber ist Katrin Hafemann die einzige Interpretin, der die «geschlechtsspezifische Zuschreibung» auffällt, darin aber lediglich das Klischee des sexistischen Blicks erkennen kann: «Die Frau tanzt hoch oben über dem männlichen Zuschauer, der männliche Blick kann von unten auf den ausgestellten weiblichen Leib gerichtet werden.»[22]

Der differenzierende Doppelblick auf die Geschlechtlichkeit fehlt im Großen und Ganzen auch der Sozialgeschichtsschreibung. Obwohl die his-

21 Luhn: Überdehnung, S. 35.

22 Hafemann: Schamlose Tänze, S. 29.

torisch sich wandelnden Vorstellungen über den Akrobatenberuf untersucht wurden[23], wird der Lage der Frauen im Milieu der Jahrmarkts- und Zirkusunterhaltung keine Beschreibung gewidmet. Immerhin stellt eine neuere Studie den auffälligen Zuwachs an Akrobatinnen fest, der mit der Etablierung des Zirkus im 19. Jahrhundert einhergeht: «The creation of the modern circus provided a platform for women to compete in a predominantly masculine world.»[24] Aber auch diese Untersuchung beschränkt sich weitgehend auf biografische Skizzen von berühmten Einzelfällen.

Die Forschungslücke zu schließen, ist nicht die Absicht der vorliegenden Untersuchung. Die analytische Scharfstellung auf die Funktion der Metapher, des Gleichnisses oder der Allegorie, die für imaginative Orientierung zuständig sind, schließt jedoch nicht aus, das Vorstellungsfeld der Feminität zu erkunden. Im Gegenteil, wie an Wedekind zu studieren ist, umschließt *Weiblichkeit* ein semantisches Feld, das Daseinskonzepte beinhaltet.

Die poetische Verdichtung am Ende des 19. Jahrhunderts erscheint als Gipfelpunkt einer Entwicklung, die ihren Anfang spätestens im 17. Jahrhundert genommen hat. Auskunft über diese Tendenz geben nicht vorrangig Textdokumente, sondern die reiche Ikonografie des Seiltanzes. Frühe Abbildungen (Abb. 4–6) zeigen weibliche Seiltänzer, die noch als individualitätslose Typen auftreten, über die man lacht, die einer Sphäre des Ungewöhnlichen und wenig Respektablen angehören. Wie gezeigt wurde, ist das 17. Jahrhundert eine Kippzeit, in der philosophische Konzepte ihre Starrheit verlieren und es zu einer Aufwertung der Artistik kommt. Am Ende des Jahrhunderts wird dieser Wandel exemplarisch in einer Genrezeichnung Marcellus Laroons zum Ausdruck gebracht, die als Radierung in *The Cryes of the City of London Drawne after the Life* (1688) veröffentlicht wurde (Abb. 25). Nicht nur die künstlerische Hinwendung zum Realismus deutet einen Wertewandel an, auch die Bildlegende *The Famous Dutch Woman* spielt auf die herausgehobene öffentliche Rolle einer Seilartistin im Londoner Unterhaltungsmilieu an. Viele Jahre später wird die Radierung überarbeitet und die Balancierkünstlerin beim Namen genannt: Isabella Wilkinson (Abb. 26). Die Individualisierung

23 Siehe das Kapitel «Vertikalspannung» in diesem Band.

24 Steve Ward: Sawdust Sisterhood: How Circus Empowered Women, o.O. 2016, S. 104 (E-Book).

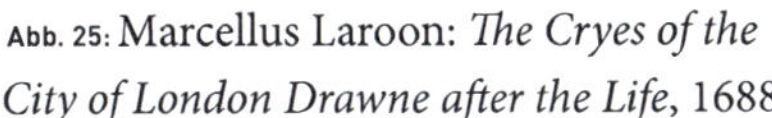

Abb. 25: Marcellus Laroon: *The Cryes of the City of London Drawne after the Life*, 1688

Abb. 26: Marcellus Laroon: *Celebrated Miss Wilkinson, the female wire dancer*, 1750

gibt Zeugnis von einer historischen Tendenz: Nicht nur wird die Leistung anerkannt, mit ihr wird ein Berufsfeld erkennbar, in dem Frauen – neben der Hebammentätigkeit und sehr wenigen Handwerksberufen – Erfolg haben und ihre Selbstständigkeit behaupten konnten.

Die Seilartistik als Kunst exzeptioneller Alleinstellung brachte nur wenige Jahre nach der holländischen Regionalberühmtheit den ersten weiblichen Star hervor – Marguerite-Antoinette-Sévère Lalanne, bekannt unter dem Namen Madame Saqui. Es sollte noch einige Jahrzehnte dauern, bis sich der erste Mann, Charles Blondin, diesen Rang erarbeiten konnte. Saqui trat kurz nach 1800 erstmals als sehr junge Frau auf und konnte ihre europäische Karriere bis zum 75. Lebensjahr aufrechterhalten.[25] Eine Abbildung aus dem Jahr 1820 deutet an, wofür die Künstlerin berühmt war (Abb. 27). Nicht nur erstaunte sie mit Wagemut und Eleganz, vor allem waren es die Inszenierungen mit theatralischen Performances, pittoresken Kostümen, bedeutungsvollen Ges-

25 Eine ausführliche biografische Darstellung in: Ward: Sawdust Sisterhood, S. 133–155.

Abb. 27: John Alais (nach einem Gemälde von Joseph Hutchison): Madame Saqui, the celebrated performer on the rope, 1820

ten und Feuerwerk, die das Publikum in Bann schlugen. In einer englischen Zeitung des Jahres 1816 war zu lesen:

> [...] here she dances and throws herself into different graceful attitudes. [...] when she ascends the elevated rope that reaches nearly to the tops of the trees. When she has reached the extremity the grand fireworks are let off and then Madame Saqui appears like a Goddess suspended in the air, and nearly surrounded by clouds, descends amidst the illumined atmosphere. Like Iris upon her empyreal causeway, the effect produced upon the spectators is like that of magic.[26] (Abb. 28)

Saqui mischt höfische Kultur und Romantik; auf diese Weise entreißt sie den Seiltanz den niederen Vergnügungen und adressiert erfolgreich ein bürgerliches Publikum. 1825 geht eine französische Zeitung in der Beschreibung der Performance auf die theatralische Rahmung ein, die – wie bei Wedekind – der Terpsichore gewidmet ist:

> Letzten Mittwoch kehrte Mme Saqui in ihr Theater zurück und präsentierte *Die Lektion der Terpsichore*, ein choreografisches Tableau. Diese Szene, die dem akrobatischen Genre zuzuordnen ist und äußerst kunstvoll gestaltet wurde, diente als Prolog zu den Übungen auf dem Seil. Während dieser Vorführungen trat Mme Saqui dreimal auf und beeindruckte alle Zuschauer mit ihrer Anmut, ihrer Kraft und ihrer Beweglichkeit. Diese wirklich unvergleichliche Tänzerin erntete mit ihrem kriegerischen Auftreten uneingeschränkte Bewunderung. Trotz der Jahreszeit war die Gesellschaft zahlreich und glänzend.[27]

Das Zusammenwirken von Kunst, Artistik und souverän zelebrierter Weiblichkeit wird im Bild der Himmelsstellung über dem Publikum eingefangen.

26 Zit. n. ebd., S. 133–134.

27 Recueil factice d'articles de presse concernant Mme Saqui, funambule, online: https://gallica.bnf.fr/ark:/12148/btv1b8452717r/f7.image.r=terpsichore

Abb. 28: Anonym: *Descent of Madame Saqui surrounded by Fireworks*, 1822

Saquis Erfolg beförderte die Transformation der Unterhaltungsöffentlichkeit vom rowdyhaften Volksvergnügen zum bürgerlichen Amüsement. Ein Gemälde von Léonard Defrance aus der zweiten Hälfte des 18. Jahrhunderts ruft noch die Welt der provisorischen Bühnen auf (Abb. 29). Das Publikum hat sich zwar verfeinert, die Gesten und die Mimiken deuten jedoch an, dass die Vorführung durch die Seiltänzerin mit Skepsis betrachtet wird. Die Frau auf dem Seil mit stark ausgebildeten Waden scheint sich mit ihrem Gang in Richtung der Kritiker und der festumklammerten Stange, die wie eine Waffe wirkt, in einer kämpfenden Selbstbehauptungsrolle zu befinden. Diese Opposition hat sich auf dem deutschen oder österreichischen Gemälde aus der Epoche nach der Französischen Revolution aufgelöst (Abb. 30). Das Ambiente ist eine wohlhabende Großstadt, Musiker und Besucher sind in freundlicher Erwartung. Die Tänzerin wartet gelassen auf ihren Auftritt, ihre Haltung drückt Selbstverständlichkeit aus. Auffällig ist der Gegensatz in der Bekleidung: Das Bühnenkostüm zeigt im Vergleich mit der Mode der Frauen maskuline Züge, denn das Beinkleid ähnelt der damals gängigen enganliegenden Männerhose. Die Seiltänzerin ist eine Figur der Exzentrik, erhaben über die Normalität, die sie von oben herab mit Interesse betrachtet.

Abb. 29: Léonard Defrance: *The Rope Dance*, 2. Hälfte des 18. Jahrhunderts

Abb. 30: Anonym: *L'Estrade*, zwischen 1800/1805

Der Grundzug der Seilkunst liegt im Soloauftritt, in der ausgestellten Singularität der Performerin. Die Ikonografie betont diesen Aspekt, wobei sich die Szenerien und Medien im 19. Jahrhundert diversifizieren: Einfache und billige Druckwerke, sogenannte Catchpenny Prints, Aquarellzeichnungen, Buch- und Zeitschriftenillustrationen, Gemälde, Plakate und Fotografien zeigen die Tänzerinnen mal in schematischer Abstraktion, mal in ländlicher oder höfischer Idylle, im Zirkus oder im Theater. Trotz aller Metamorphosen, die der weibliche Körper vom 18. bis ins frühe 20. Jahrhundert durch die ikonografischen Zurichtungen erfährt (Abb. 31–39), dominieren die Aspekte der Bewunderung, der Erhöhung, Schwerelosigkeit, Grazie und des Zaubers. Wedekinds Metapher vom Schmetterling drängt sich auf, wenn die Tänzerinnen scheinbar gewichtlos auf einem Bein wie mühelos ihre Balance halten.

Es ist ein kulturkritischer Topos, wonach das Ideal der Frau als ätherisches, fragiles Geistwesen, wie es sich seit der Romantik entwickelt hat, Ausdruck einer männlichen Fantasie ist, die der Realität des Körpers Gewalt antut. In dieser Kritiktradition wäre auch Wedekinds Allegorisierung unter Verdacht zu stellen. Man übersähe dabei allerdings, dass die symbolische Irrealisierung das Potenzial für einen allgemeingültigen Traum enthält: Der Wunsch nach erleichterter Existenz, Individualität, Selbstbeherrschung, Gesehenwerden und Könnertum, aus dem das Ich als Kunstwerk hervorgeht. Die Geschichte der Bilder ist lesbar als Prozess, in dem Mut und Vornehmheit als erstrebenswerte Tugenden propagiert werden. Die Tatsache, dass vor allem Männer diese Qualitäten bemerken, kann psychologisch auf deren Mangel an Verfeinerungsqualitäten zurückgeführt werden. Anstatt maskuline Superiorität aus körperlicher Überlegenheit abzuleiten, erkennen sie, was ihnen fehlt. Am Ende des 19. Jahrhunderts schreibt Hugues Le Roux:

> The gymnast excites our admiration by the marvellous development of his thorax and limbs, and by the epic relief of his muscles. The equilibrist does not require the same effort in his work. The beauty of the performance lies in the delicacy, variety, facility, and grace of the artist's movements, and on this account women excel as equilibrists, for men cannot reconcile themselves to the suppression of their strength in the feats they achieve, and therefore take a second rank in equilibrium.[28]

28 Hugues Le Roux, Jules Garnier: Acrobats and Mountebanks, London 1890, S. 209–210.

Abb. 31: Louis Binet: *Jolies-Femmes*, 1785

Abb. 32: Petitpierre et Cie.: *La Danseuse de Corde*, 1785/90 (Detail)

Abb. 33: Johan Noman: *Koord-danssers en springers*, 1814 (Detail)

Abb. 34: Andreas Geiger, Johann Christian Schoeller: *Madame Romanini, la Sylphide aérienne*,1837

Abb. 35: Robert Turner: *Mountebank*, 1844

Abb. 36: Jean-Louis Forain: *The Tight-Rope Walker*, c. 1885

Abb. 37: Leo Putz: *Seiltänzerin*, 1903

Abb. 38: Wilhelm Simmler: *Auf dem Hochseil*, 1914

Abb. 39: Otto Heinrich Strohmeyer: *Seiltänzerin*, 1917

Le Roux und Wedekind arbeiten an einer stillen Kulturrevolution: Was in einer Kultur unter *Stärke* verstanden wird, ist ontologisch nicht fixiert, sondern Resultat einer Wertung. Eine auf Maschinenkraft basierende Zivilisation entwertet die Muskelstärke und orientiert sich hin auf feinere Qualitäten.

Die innere Entwicklungstendenz femininer Seiltanzkunst übt einen Druck aus, der das Image des Mannes nicht unberührt lässt. In den 1970er-Jahren hat Hermine Demoriane, französische Autorin, Sängerin und zeitweise Filmschauspielerin mit feministischem Gespür das im 19. Jahrhundert gesetzte Paradigma mit modernem Bewusstsein neu gedeutet. 1971, Demoriane ist 29 Jahre alt, besucht sie die Ausstellung *BodySpaceMotionThings* des Konzept-, Material- und Installationskünstlers Robert Morris in der Tate Gallery. Zu erleben waren raumgreifende Requisiten, mit denen die Besucher physisch interagieren konnten. Auch war ein Drahtseil gespannt worden, auf dem balanciert werden durfte (Abb. 40). Demoriane ist fasziniert; ihre erste Berührung mit dem Seil beschreibt sie in ihrem veröffentlichten Tagebuch:

On Wednesday, 28 April 1971 I took my first steps on a tightrope. The Canadian sculptor Robert Morris had transformed part of the Tate Gallery into a sports centre, with ropes to climb and weights to lift. He had also rigged a length of wire, three feet from the ground, between two marble columns. There was even a range of gym shoes for visitors willing to have a go. The tightrope was what attracted me. The first time I tried I stood on it for a mere two seconds before falling off. I tried again, taking my turn in the queue after each attempt. Without help, let alone tuition, you had to find out for yourself how to put off the moment of falling. Five steps was the best I could manage

Abb. 40: Robert Morris: *Tightrope*, Teil der Ausstellung *BodySpaceMotionThings*, Tate, 1971

> that first day. I went back on the Friday and, to my total surprise, walked the length of the wire. Alas, the exhibition closed down: someone had broken his leg using one of the items exhibited. It seemed I was never to tightrope-walk again.[29]

Das Gegenteil ist der Fall: Für Demoriane ist der Beginn einer mehrjährigen Phase des leidenschaftlichen Trainings gesetzt, das aus ihr eine professionelle Seilperformerin machen wird. Das Tagebuch ist eine Collage, in der persönliche Einträge mit Text- und Bildzitaten aus der Geschichte der Funambulistik kombiniert sind. Die Schülerin lernt von den Vorbildern – und geht doch ihren eigenen Weg. Das Frontispiz in *The Tightrope Walker* (1989) ist Ausdruck der eigenen Geschichtlichkeit und gleichzeitig das Schlussbild der Lehrjahre, ein programmatisches Statement (Abb. 41): In die Fotografie, die Demoriane wie eine Engelsfigur auf dem Seil zeigt, ist die historische Darstellung eines männlichen Tänzers montiert, der in einen Spiegel schaut. Der Blick der Künstlerin wiederum scheint auf die Grafik gerichtet zu sein. Ist der Blick

29 Hermine Demoriane: The Tightrope Walker, London 1989, S. 7.

Abb. 41: Hermine Demoriane: *The Tightrope Walker*, Frontispiz, 1970er-Jahre

distanziert oder abschauend? Das Seil Demorianes geht über in das Seil des selbstverliebten Tänzers. Eine Gleichstellung, eine Spiegelung? Die Bildrhetorik vermittelt eine Umwertung: Kraft und Würde sind neu verteilt worden, die große Frau schaut auf den kleinen Mann hinab. Den Unterschied zwischen einer männlichen und einer weiblichen Auffassung der Balancierkunst expliziert Demoriane 1973 in einem Tagebucheintrag:

> Someone tells me about Allen Jones' balancing obsessions. When he paints a woman on a tightrope, it symbolizes an erect phallus given to catastrophe, just like the rope-walker. Freud wrote that ‹the remarkable phenomenon of erection which constantly occupies the human fantasy, cannot fail to be impressive as an apparent suspension of the laws of gravity.› What interests me is the liability to fall – like an erect penis, the precariousness. To fall in water is of course symbolic of the womb, of cosmic turmoil. I am rather happy that a woman on a tightrope may represent a man's fear. It's as though I had always known it. It makes my day.[30]

Die Absage an den phallischen Athletismus veranschaulicht die Funambulistin mit einer Anekdote. Sie besucht die Show einer Seiltänzergruppe, die sich auf dem Marktplatz einer kleinen französischen Gemeinde eingefunden hat. Ein Showelement besteht darin, einen Freiwilligen aus dem Publikum über das Seil zu tragen, eine Performance, für die Blondin berühmt war. Demoriane meldet sich und muss den Drang unterdrücken, eigenständig den Weg zu gehen. Alles, was die Männer tun, erscheint ihr ohne Anmut ausgeführt zu werden. Als schließlich ein Artist mit einem Motorrad über das Seil fährt, das mit einem Gegengewicht stabilisiert ist, revoltiert es in Demoriane: «That

30 Ebd., S. 90.

has got nothing to do with balancing. I want to scream.»[31] Die Empörung geht über die ästhetische Dimension hinaus, die Frau fühlt den Verrat der Männer nicht nur an der Kunst, sondern an der Haltung sich selbst und der beobachtenden Welt gegenüber. Demorianes feministische Selbstdeutung liest sich wie die nachträgliche Bestätigung einer geschichtlich gewachsenen Semantik. Sie steht damit Seite an Seite mit Wedekind. Das Wort *auftreten* in seiner Doppelbedeutung aus «den Fuß setzen» und «auf der Bühne erscheinen» beinhaltet mit Blick auf den Seiltanz der Frauen zivilisatorische Implikationen. Die Füße sind für das Wesen mit aufrechtem Gang das basale Organ der Realitätserkundung. Mit dem Sinn für das Schaukeln und Gaukeln wird eine Wirklichkeit erzeugt, die eine andere zu jener der Marschierer und Treter ist.

Abb. 42: Henri de Toulouse-Lautrec: *La Danseuse de corde*, 1899

Henri de Toulouse-Lautrec hat am Ende seines Lebens eine Seiltänzerin in einer zarten, vibrierenden Pastellzeichnung dargestellt (Abb. 42). Wir sehen den ersten Kontakt der Füße mit dem schmalen Grund, das vorsichtige Vortasten, das Erkunden der Objektivität und die Reaktion des Subjekts, das noch Halt sucht. Der Moment, in dem Selbst- und Weltwahrnehmung zusammentreffen, setzt den Beginn der Kunst.

31 Ebd., S. 57.

Abb. 43: Ernst Ludwig Kirchner: *Seiltänzer*, 1910

Expressionistische Aussteiger

Vor dem Ersten Weltkrieg ändert sich für einen kurzen historischen Augenblick in Deutschland das Bild des Seiltanzes. Die Maler Ernst Ludwig Kirchner und Erich Heckel, beide Mitglieder der Dresdner Künstlergruppe *Brücke*, sowie August Macke setzen das Motiv in Gemälden, Zeichnungen und Druckgrafik um. Alle Künstler, dem Expressionismus verpflichtet, verlassen konsequent das realistische und naturalistische Dispositiv, um die Zirkusmenschen in einem Moment ihrer Darbietung zu erhaschen. Die Weisen des Malens und Zeichnens – deutlich vor allem bei Kirchner und Heckel ausgeprägt – bezeugen die schnelle Auffassung: Nicht der Detailreichtum, der Ersteindruck muss in Umrissen festgehalten werden.

Der Mensch auf dem Draht scheint anderen Gesetzen zu gehorchen als jenen, die für den Publikumsmenschen gelten. Sein Dasein vollzieht sich in konzentrierter Zeitlupe, jede Bewegung ist bedacht und bedeutsam, er produziert eine exzentrische, eine künstliche Leiblichkeit, die begehrliche Blicke auf sich zieht. Die Bewunderung galt nicht der Virtuosität, die Goethe zu rühmen wusste; die jungen Künstler erkannten in den Artisten eine Lebensform, die der Ebenmäßigkeit und bürgerlichen Nüchternheit widersprach. Sie standen unter dem Eindruck der Jugendbewegung und ließen sich von Nietzsches Schriften entflammen.

Der Gruppenname *Brücke* soll eine direkte Referenz auf ein Wort Zarathustras sein: «Was groß ist am Menschen, das ist, dass er eine Brücke und kein Zweck ist.»[1] Elisabeth Erdmann-Macke berichtet in ihren Erinnerungen, wie der junge Macke begeistert aus Nietzsches Schriften vorlas und in

1 Friedrich Nietzsche: Also sprach Zarathustra [1883], München 2022, S. 13. Wie Maike Hoffmann nachweist, ist der Ursprung der Namensgebung nicht mehr zu ermitteln: Leben und Schaffen der Künstlergruppe «Brücke», 1905–1913, Berlin 2005, S.162ff.

Abb. 44: Ernst Ludwig Kirchner: *Drahtseiltanz*, c. 1909

Abb. 45: Ernst Ludwig Kirchner: *Drei Figuren beim Seiltanz*, c. 1908–1910

Abb. 46: Ernst Ludwig Kirchner: *Drei Drahtseilartisten mit Springseil und Schirmen*, 1910

Abb. 47: Ernst Ludwig Kirchner: *Seiltänzerin mit Schirm*, 1910

Briefen kopierte Passagen übermittelte.[2] Kirchner schreibt 1923 in seinem Tagebuch, wie die angehenden Künstler «das ganz naive Müssen, Kunst und Leben in Harmonie zu bringen», verspürten. «Diese restlose Hingabe leuchtete im Auge Erich Heckels als er zum ersten Mal zu mir Aktzeichnen kam

2 Elisabeth Erdmann-Macke: Erinnerungen an August Macke [1962], Frankfurt a.M. 1989. S. 81–83.

und die Treppe emporstieg laut aus Zarathustra deklamierend, [...] Befreiung suchte, so wie ich in freier Arbeit [...].»[3] Die Identifikation mit Zarathustra lag nahe, weil er das Muster abgab für Selbsterhebung, für die Verachtung des Spießertums und für ein selbstbestimmtes Künstlertum. Nietzsche lieferte die Slogans und Vergleiche für das neue Lebensgefühl, in dem das Feuer des Umsturzes brannte. Vierzig Jahre vor Nietzsche hatte der junge Karl Marx mit revolutionärem Impetus gefordert, dass man die «versteinerten Verhältnisse zum Tanzen zwingen»[4] müsse. Nietzsche verstärkt die Metapher ins Kosmische, wenn er schreibt: «Ich sage euch: man muss noch Chaos in sich haben, um einen tanzenden Stern gebären zu können.» Die Expressionisten fühlten sich unmittelbar angesprochen, wenn sie lasen: «Ich sage euch: ihr habt noch Chaos in euch.»[5]

Nietzsches Identifikation seiner Zarathustra-Figur mit dem Seiltänzer musste als Wahrnehmungsprägung erfahren worden sein, wodurch die Künstler im Zirkus mehr sahen als angenehme Unterhaltung, die den grauen Alltag unterbrach. Die Wirkung Nietzsches auf den Expressionismus ist untersucht worden[6], doch hat allein Janice McCullagh das Bildsujet des Seiltänzers als Signatur der epochalen Kunstrichtung ausgemacht und Zarathustra als motivierendes Vorbild ausgewiesen:

> It is hardly necessary to say that the appeal of the tightrope walker lies not only in the abstract realm of ideas, but also in the real terror invoked by the highwire performance. The risk is a reality and the Expressionists were fascinated by the courage of an artist who chose the difficult and dangerous path. In the circus performer, they saw one who rejected the security of a conventional bourgeois routine and put existence itself in jeopardy.[7]

---

3 Lothar Grisebach: E.L. Kirchners Davoser Tagebuch, Köln 1968, S. 78.

4 Karl Marx: Zur Kritik der Hegelschen Rechtsphilosophie. Einleitung, in: Karl Marx, Friedrich Engels: Werke, Band 1, Berlin (DDR) 1976, S. 381.

5 Nietzsche: Zarathustra, S. 16.

6 Louisa Theobald: Arts and Crafts. Nietzsche und die frühe Brücke, Regensburg 2011; Dietrich Schubert: Nietzschekonkretionsformen in der Bildenden Kunst 1890–1933, In: Nietzsche-Studien. Internationales Jahrbuch der Nietzsche-Forschung, Bd. 10/11, 1981/1982 (1982), S. 278–327.

7 Janice McCullagh: The Tightrope Walker: An Expressionist Image, in: The Art Bulletin, Volume 66, 1984, Issue 4, S. 633–644, hier: S. 637.

Abb. 48: Erich Heckel: *Zirkus* (Die Seiltänzerin), 1909

Abb. 49: Erich Heckel: *Seiltänzer*, 1910

Abb. 50: Erich Heckel: *Seiltänzerin*, c. 1909

Abb. 51: Erich Heckel: *Drahtseilprobe*, 1910

Auch wenn die begeisternde Wirkung Nietzsches auf die Künstler als Tatsache gelten kann, so ist damit noch nichts darüber ausgesagt, in welcher Weise philosophische oder motivische Gehalte gestalterisch umgesetzt wurden.
Zunächst ist eine einfache Beobachtung zu machen, die McCullagh nicht anstellt: Abgesehen von Seitenfiguren stehen ausschließlich weibliche Artisten im Zentrum der Bilder. Die Expressionisten führen die Tradition der Feminität fort, die im vorangegangenen Kapitel thematisiert wurde. Nietzsches

Seiltänzerszene hingegen folgt der Logik männlicher Machtdemonstration, schildert Kampf, Sieg und Tod. Allein der oberflächliche Blick auf die Bilder (Abb. 43–57) vermittelt andere Stimmungen – Beschwingtheit, Rhythmus, Glühen, Ausgelassenheit, tänzerische Verspieltheit. Allenfalls bietet sich Ernst Ludwig Kirchners Gemälde *Drahtseiltanz* (Abb. 44) für einen Vergleich an: Ähnlich wie im Zarathustra agieren zwei Tänzerinnen auf dem Seil, die eine in hockender, die andere in aufgerichteter Position. Ein Kampf, der Augenblick vor dem Sprung der einen über die andere? Das Gegenteil ist der Fall, beide Figuren führen schwierige Posen aus, eine Choreografie vor einem schmückenden Feuerwerk. Die zeichnerischen Studien Kirchners unterstützen diese Interpretation, denn sie zeigen allesamt Bewegungsmomente, in denen die Figuren den festen Stand verlassen. Die Suche nach der Balance ist eine Haltung der Feinsinnigkeit, der Konzentration auf das eigene Körperbild – und nicht der ausgestellten Risikofreude. In den Bildern ist nichts von der Idee des Übermenschen zu spüren. Der Malerei in ihrer expressiven Farbigkeit ist eine präsentische Ästhetik der Eindrücklichkeit eigen, die kaum mit Vorstellungen von Grenzüberschreitung oder sogar Todesverachtung in Einklang zu bringen ist. McCullagh glaubt, dies in Mackes *Seiltänzer* von 1914 (Abb. 53) zu erkennen: «The viewer is visually transported to the aerialist in his death-defying act on the wire. […] Macke created his own visual parable through the image of the balance artist above the ground.»[8] Es fällt schwer, in der Abstraktion die Angespanntheit existenzieller Gefährdung auszumachen. Die Seiltänzerin steht aufrecht und gefasst inmitten des städtischen Ambientes. Ob eine Identifikation zwischen dieser entrückten Figur und dem Künstler vorliegt, ist dem Bild nicht zu entnehmen. Im Gegensatz zu den aufgeregteren Darstellungen bei Kirchner zeichnet sich das Gemälde durch konstruktive Ruhe aus, das Publikum wirkt staffagenhaft und der Blick auf die Tänzerin wird durch ein Gerüstkreuz behindert. Die Farbigkeit vermittelt eine Atmosphäre der abendlichen Feierlichkeit, in der die Seilkünstlerin das Ruhezentrum bildet. Dieser Eindruck wird durch die zeichnerischen Vorstudien bestärkt. Mackes Ehefrau hat die Urszene beschrieben, aus der der Künstler seine malerische Vision bezogen hat:

8 Ebd., S. 640.

Abb. 52: August Macke: *Seiltänzer I*, 1913–1914

Abb. 53: August Macke: *Seiltänzer*, 1914

Abb. 54: August Macke: *Seiltänzer*, 1913–1914

Abb. 55: August Macke: *Seiltänzer, Häuser im Hintergrund*, c. 1913

> Solange es noch milde Abende gab, fanden ab und zu auf dem Marktplatz in Thun Vorstellungen statt, und zwar von der berühmten Schweizer Artistenfamilie Knie, vor allem Seiltänzer traten auf. Quer über den dunklen Platz war das Seil gespannt, das in der Höhe zu beiden Seiten von einer Reihe bunter Lämpchen flankiert war. Häuser und Straßen lagen im Dunkel, darüber der nächtliche Himmel mit seinen Sternen. Nur Burg und Kirche auf dem Berg strahlten hell angeleuchtet in mystischem Licht. Und auf dem Seil balancierten in schwindelnder Höhe die mit Flitter und bunter Seide bekleideten Artisten und zeigten ihre halsbrecherischen Kunststücke. Es war ein Bild von seltener Farbigkeit und einem Kontrastreichtum, wie man ihn nicht oft sieht. Für August waren das ganz tiefe künstlerische Erlebnisse und Eindrücke, die er in vielen Zeichnungen und Bildern verarbeitet und meisterhaft wiedergegeben hat.[9]

In allen Fällen bilden die Seiltänzerfiguren Intensitätsverdichtungen. Der Expressionismus verfolgt bekanntlich nicht die Absicht, Abbilder der Wirklichkeit zu erstellen, sondern seelische Erregungszustände zu veranschaulichen. Es überrascht daher nicht, dass die Frauengestalten anders als in den traditionellen Darstellungsformen nicht nach Maßgabe anmutiger Weiblichkeit ausgemalt werden. Die Körper werden abstrahiert und wirken in einigen Fällen sogar plump. Entscheidend ist das Charakteristikum der Dynamik und Gestik. Die Momenthaftigkeit steht im Vordergrund und wird – vor allem bei Kirchner und Heckel – entsprechend mit einer schnellen Bewegung des Zeichenstiftes oder des Pinsels erfasst. Eine Fotografie Kirchners, entstanden in der Phase, als die beiden Brücke-Künstler ihre Seiltänzerinnen-Bilder anfertigen, zeigt Nelly, eine schwarze Frau, die den Malern als Modell diente[10], und Sidi, die spätere Ehefrau Heckels, beim Synchrontanz (Abb. 56). Beide Frauen scheinen eine Seiltanzfigur zu imitieren. Eine Zeichnung aus dem gleichen Jahr (Abb. 57) wiederholt den Parallelschwung der Beine und Arme. Welches Bild Vorbild für das andere war, ist unerheblich; in der intermedialen Übertragung kommt ein entscheidender Aspekt des Expressionismus zum Ausdruck: Das Szenische und die Gestik bilden das Faszinosum für die Künstler, weil darin etwas aufscheint, das sie selbst betrifft. Die prominente Stellung auf dem Seil, das Scheinwerferlicht, die ruhigen Performances, die gelenkte Aufmerksamkeit – all das erzeugt Stimmung. Die Dissidenz der Expressionisten war gegen

9 Elisabeth Erdmann-Macke: Erinnerungen an August Macke [1962], Frankfurt a.M. 1989, S. 294.

10 Andreas Kilb: Sie ritten den Leopardenstuhl. Brücke-Maler und Kolonialismus, in: FAZ, 10.01.2022.

Abb. 56: Ernst Ludwig Kirchner: *Nelly und Sidi tanzen im Atelier von Ernst Heckel*, 1910

Abb. 57: Ernst Ludwig Kirchner: *Drahtseilartisten mit Seil und Schirm*, 1910

den Akademismus gerichtet, der technisch auf Nachahmung und thematisch auf Mythologie basierte. Demgegenüber schienen im Zirkus Kunstwelt und Wirklichkeit, Ausnahme und Vorbildlichkeit miteinander zu verschmelzen. Die Bildwerke übersetzten mit unakademischen Mitteln den Atmosphärengehalt der Szenen; Kunst wollte ebenso erregen wie die Artisten das Zirkuspublikum in Bann schlugen. Die Körper mit ihren künstlichen Gebärden, die ganz im Dienste der Hervorbringung der Kunst standen, korrespondieren mit der Bewegung des Pinsels und des Zeichenstiftes. Die Künstler erspürten in den Seiltänzerinnen eine neue Subjektivität, die für sie inbildlich war: Die künstlerische Handlung unterliegt nicht den normierten kommunikativen, pragmatischen, sinnbildenden oder wertbildenden Funktionen. Der Schritt auf dem Seil und der Strich auf einem Blatt Papier folgen ausschließlich dem Diktat des Ausdrucks, der Wiedergabe der Gefühlsintensität. An ihm orientiert sich das ausführende Subjekt, verbindet damit aber auch den Anspruch auf Sichtbarkeit und Anerkennung. Diese ästhetische Haltung widersetzt sich ethischen wie rationalen Vorschriften. Der ästhetische Avantgardismus ist aufgrund dieser Maßgabe nicht frei von der Gefahr, sich als revolutionär zu stilisieren, was auch in Heroisierungsbemühungen von Interpreten wie McCullagh zum Ausdruck kommt. Dennoch ist festzuhalten, dass die Herausbildung einer Formsensibilität vor allem den von Alltagsimperativen befreiten Subjekten möglich ist. Max Weber setzt die «Flucht vor der Notwendigkeit rationaler ethischer

Stellungnahme» mit der «tiefsten Form unbrüderlicher Gesinnung» gleich.[11] Die modernen Künstler gehören qua gesellschaftlichem Schicksal und selbstgewählter Identität zur Gruppe der Sonderlinge. Die Entscheidung, das Dasein ästhetizistisch aufzufassen und die Absonderung von der Gewöhnlichkeit als Wert zu proklamieren, ist unweigerlich an die Frage der Form gebunden: Was sind die Mittel, mit denen der Sonderstatus greifbar wird?

Herwarth Walden, einer der Wortführer des Expressionismus, hat sich in zwei Essays zum Zirkus- und Varieté-Künstler geäußert und darin das Ethos der Triebentfaltung als Erfahrungs- und Formgebungsprozess formuliert. 1913 lässt er seinen Text «Kunst als Spiel und Stil» wie folgt enden:

> Mit schwarzen Lettern seien die Namen folgender Künstler des Variétés genannt: Claire Waldoff, Littke Carlsen (Passagetheater) Robledillo (Wintergarten). Sie haben Erlebnisse und können sie gestalten. Sie brauchen sich nicht hinter klassischen Formen zu verstecken, weil sie, wie jeder Künstler, ihrem Erlebnis seine Form geben können. Die Waldoff singt, Carlsen tanzt, Robledillo läuft Seil. Natürlich kann die Waldoff keinen Ton singen; aber jeder Ton den sie singt, gestaltet ein Erlebnis, versinnlicht das Material des Erlebnisses. Sie gibt mit einem Tonfall dem Zuhörer den Zwang zu ihrer und die Fähigkeit zu seiner Phantasie. Mit einer Bewegung seines Fußes gibt Carlsen den Twostep, zahlreiche Paare, den Tanzsaal, seine Stimmung. Mit einigen Schritten auf dem Seil stellt Robledillo einen Betrunkenen, den Betrunkenen dar. Er torkelt nicht stilisiert, er fällt nicht naturalistisch vom Seil hinunter. Er bewegt seinen Körper. Hier ist das Geheimnis der Kunst: diese Drei finden für äußere und innere Vorgänge des Lebens durch ihre Begabung und ihre Phantasie die gleichwertige künstlerische Formung, nicht die Formel. Ohne Leidenschaft, das heißt, ohne Trieb und ohne Fähigkeit des Erlebnisses geht es nun einmal in der Kunst nicht.[12]

1924 vertieft Walden den Gedanken mit dem Ziel, den Zirkus als Ort des authentischen Ausdrucks zu würdigen. Auch dieser Essay mit dem schlichten

---

11 Max Weber: Gesammelte Aufsätze zur Religionssoziologie I [1920], Tübingen 1988, S. 555.

12 Herwarth Walden: Kunst als Spiel und Stil, in: Der Sturm. Monatsschrift für Kultur und die Künste, 3.1912–1913, S. 72. Ausführlich äußert sich Anna Luhn zu Walden, vor allem mit Fokus auf seinen Kurztext «Varieté» (1918): Überdehnung des Möglichen. Dimensionen des Akrobatischen in der Literatur der europäischen Moderne, Göttingen 2023, S. 388–394.

Titel «Zirkus» endet mit einer programmatischen Formulierung, die Artist und Künstler auf eine Stufe stellt:

> Die Sinne sind das Wesen der Menschen. Die organische Gestaltung sinnlicher Erlebnisse ist Kunst. Geist ist ein Hilfsmittel, aber kein Trieb. Nur aus den Trieben entsteht das Leben. Nur aus den Trieben entsteht das Kunstwerk. Was man so Kunst nennt, ist geistige Mache. Artisten sind Künstler. Darum schäme man sich nicht, in den Zirkus zu gehen. Man bilde ihn nur nicht zur Kulturstätte um. Oder rede ihn sich als Kulturstätte ein. Denn dadurch wird der Zirkus zu der belanglosen Zierangelegenheit erniedrigt, die man Kultur nennt. Gehen wir in den Zirkus. Wir wollen Menschen sein.[13]

In den Sätzen klingt der Nietzscheanismus nach, allerdings in bescheidener Ausprägung. An die Stelle von Menschenverbesserung ist die Vertiefung von Erlebnissen getreten. Die Suche nach Selbstausdruck in szenischer Realisierung wird nicht als heldisch-athletischer Kampf um Vollendung propagiert. Walden versucht, einen schwer zu vermittelnden Gedanken in Sprache zu setzen, der auch der expressionistischen Malerei zugrunde liegt: dass in einer unkonventionellen Geste die Kraft des Anders-Sein-Könnens liegen kann. «Körper spielen und bilden körperliche Formen. Kein Raum schränkt sie ein. Kein Schwergewicht zieht sie zur Erde. Die Zeit ist rhythmisch aufgeteilt. [...] Gestaltete Bewegung. Also Kunst.»[14]

Waldens Begriff des *Erlebnisses* ist nicht ausschließlich das Resultat einer kunsttheoretischen Reflexion. Zu den zeitgenössischen diskursiven Schwingungen gehört Sigmund Freuds Triebbegriff, vor allem aber werden *Erlebnis* und *Erleben* um 1900 «schlagartig zu philosophischen Modebegriffen, die für die verschiedensten systematischen Intentionen in Logik, Erkenntnistheorie, Ästhetik, Ethik, Psychologie und Anthropologie einstehen.»[15] Das Wort *Erlebnis* als Beglaubigung einer besonderen psychischen Verbundenheit mit etwas Wirklichem beinhaltet die Gewissheit, über ein «unmittelbares Selbstbewusstsein» zu verfügen. In der Ich-Zentrierung ist das «Erlebte [...] stets das Selbst-

13 Herwarth Walden: Zirkus, in: Der Sturm. Monatsschrift für Kultur und die Künste, 15.1924, Monatsbericht, September 1924, o.S.

14 Ebd.

15 Konrad Cramer: Erleben, Erlebnis, in: Historisches Wörterbuch der Philosophie, Bd. 2, Basel 1972, Sp. 702–711, hier: Sp. 708; siehe auch Hans Blumenberg: Theorie der Lebenswelt, Berlin 2010, S. 21; Hoffmann: Leben und Schaffen, S. 201ff.

erlebte, dessen Gehalt sich keiner Konstruktion verdankt.»[16] Impliziert wird ein Subjekt, das Welt nicht als Sinnkontinuum, als einen gleichmäßigen Strom aus Eindrücken wahrnimmt; aus dem Lebenszusammenhang ragen vielmehr beeindruckende Weltbegegnungen heraus, die von hoher Bedeutsamkeitsdichte zu sein scheinen – eine Dichte, über die nicht immer sprachlich Auskunft gegeben werden kann. Walden setzt für diesen Umstand das Wort *Form* ein, das zu dem Kompositum *Daseinsform* vervollständigt werden kann. In ihr zeigt sich die Intensität als Herausgehobenheit, Reizextravaganz oder organische Präsenz. Die Seiltänzer und vor allem Seiltänzerinnen werden vor diesem ideengeschichtlichen Hintergrund von den Künstlern als Idealdarsteller dieser Erlebnisbesonderheit konstruiert. Mit der Spontaneität primitivistischer Strichführung und greller Farbgebung wird deren Kunst der Daseinsformung metamorphotisch-intermedial übernommen. Kunst erschafft nicht nur Werke, sondern Erlebnisse. Seiltänzer und Künstler werden nicht mehr ausschließlich unter dem kritischen Blick des technischen Könnertums bewertet, zuallererst erscheinen sie in ihrer Rolle als Erlebnisvirtuosen.

Es ist mehr als eine Koinzidenz, dass sich auch expressionistische Dichter des Motivs angenommen haben. Die Rhythmisierung der Sprache, die metaphorischen Freiheiten und die damit verbundenen affektiven Verdichtungen bringen den erlebnishaften Ausnahmezustand analog zur gestischen Bildenden Kunst zu Gehör. Die Texte entwerfen Szenen mit emotionaler Geladenheit, die Leiber von Tänzer und Tänzerin werden in Bildern eigentümlicher Feierlichkeit eingefasst. In Karl Stamms paradigmatisch expressionistischem Gedicht «Der Seiltänzer» (1919) wird fast ein Über-Reich der Enthobenheit entworfen:

> Auf blankem Ruhm turnt er sich leicht nach oben,
> im wilden Beifall scheint er aufgehoben,
> steigt höher, reigt und schwebt, die schlanken Füße
> verlor'n das Seil, die Hände wirbeln Grüße,
> er schließt das Auge, wächst zum Vorzeitriesen,
> das Volk springt auf von Teppich, Bank und Wiesen,
> strahlt ihn empor in wiegeweiche Lüfte.[17]

---

16 Cramer: Erleben, Sp. 703, 704.

17 Karl Stamm: Der Seiltänzer [1919], in: ders.: Der Aufbruch des Herzens, Leipzig, Stuttgart 1924, S. 19.

Georg Heyms Sonett «Die Seiltänzer» (1911) ist weniger pathetisch, seine Verse zeigen eine Verwandtschaft mit den luftigen Zeichnungen Kirchners, auf denen die Körper nahezu gewichtlos erscheinen.

Die Tänzer aber gleiten hin geschwinde
Wie weiße Vögel, die die Wandrer narren
Und oben hoch im leeren Baume springen.
Wesenlos, seltsam, wie sie sich verrenken
Und ihre großen Drachenschirme schwingen[18]

Klabund wiederum besingt «Die Seiltänzerin» (1922) beinahe in nietzscheanischer Manier, wenn er sie in den Sternenhimmel hebt. Die Erdlosigkeit gewinnt mit dieser Metapher das Signum der Ewigkeit des Kreisens. Das lyrische Ich bildet das Ego-Zentrum, das sich von kosmischer Schönheit umfangen sieht:

Weile, Glutende, o du entfliehst!
Schon erheben dich die Felsenfirne
Und gleich einem hohen Sternbild ziehst
Du im ewigen Kreis auf meiner Stirne.[19]

Demgegenüber konstruiert die Schweizer Dichterin Francisca Stoecklin in «Seiltänzer» (1920) den Gegensatz von trister Wirklichkeit und zirzensischer Verzauberung. Ob mit den «geisterhaften Lichtern» Täuschungen oder utopische Versprechen gemeint sind, lässt das Gedicht unbeantwortet.

Sie fahren immer noch von Dorf zu Stadt
In einem langen, grauen Wagen
Und manchmal sieht man Angst und Hunger
In den stolzen Angesichtern nagen.
Am Wagenfenster lächelt
Das Artistenmädchen, fern und matt.
Doch in den warmen Sommernächten,
Im Federbarett und im Flitterkleid,
Da steigt der junge Tänzer auf das hohe Seil,

---

18 Georg Heym: Die Seiltänzer [1911], in: ders.: Dichtungen und Schriften, Bd. 1, München 1964, S. 435.

19 Klabund: Die Seiltänzerin; in: ders.: Das heiße Herz, Berlin 1922, S. 119.

Und immer schneller schwebt er, schmal und steil,
Umstrahlt von geisterhaften Lichtern
Der Kinder Engel, über allem Erdenleid.[20]

Vorzeitriese, wesenloser weißer Vogel, glutendes Sternenbild, Engel – all das sind hohe Metaphern, in denen die Unmittelbarkeit der Körperkunst zugunsten eines nicht mehr in Begriffen zu erfassenden Eindrucks verschwindet. Die poetische Aneignung erzeugt einen Schein, der als das Eigentliche der «inneren Vorgänge des Lebens» ausgegeben wird. Die Bildenden Künstler bleiben den Körpern näher, doch auch sie benötigen den Strahlenkranz des Zirkus, den Nachtzauber und die wilde Malerei, um jenseits der Normalität die Gewissheit zu erlangen, dass es Psyche gibt. In dieser para-mystischen Praxis löst sich die Semantik der Seiltänzerei von der Realität der Artisten, die ausschließlich als Sinnbilder einer ekstatischen Lebensform fungieren: Der Expressionismus erfindet eine Elite des Daseins, die sich durch ausgestellte Künstlichkeit auszeichnet. 1917 hebt der tschechische Dichter Stanislav K. Neumann den Zirkus auf die Höhe eines feierlichen Lebens:

Ich liebe den Zirkus. Ich liebe sein Wirren,
Das ununterbrochen durch Europa muß irren
Mit Blitzen und Glitzen, mit Schellen und Gellen,
mit Tanz und Glanz und Tand,
Weil er, ein bunter Traum, uns eines grauen
Tags übermannt,
Weil er brutal ist, wie des Feuerwerks glühen-
des Beben,
Und ein schöner Kampf ist ums Leben.[21]

Waldens Wort von der «gestalteten Bewegung» ist auch zu lesen als *Emotion*, die am Grund des Erlebnisses wirkt. In diesem Sinne übersteigt der Seiltanz, der sich langsam vollzieht, auch die Sinnbildlichkeit, weil er im erlebenden Nachvollzug die eigene Beweglichkeit affiziert. Einfach gesagt: Form und Bewegung stellen keine Gegensätze dar.

---

20 Francisca Stoecklin: Gedichte, Bern 1920. https://gedichte.xbib.de/ (zuletzt aufgerufen 25.11.2025)

21 Stanislav Kostka Neumann: Zirkus, in: Die Aktion. Wochenschrift für Politik, Literatur, Kunst, 7. Jahrgang, 5. Mai 1917. Sp. 246–250, hier: Sp. 249.

In der Aufbruchstimmung ist eine Spur der ästhetische Theorie Friedrich Schillers enthalten, die dem Thema der Bewegung ebenfalls einen bedeutsamen Platz einräumt. Ein paradigmatisches Zitat aus «Ueber Anmuth und Würde»[1793] lautet: «Grazie ist immer nur die Schönheit der durch Freiheit bewegten Gestalt, und Bewegungen, die bloß der Natur angehören, können nie diesen Namen verdienen.»[22] Die Nebeneinanderstellung des Expressionisten Walden und des Klassizisten Schiller legitimiert sich nicht vorrangig durch die thematische Ähnlichkeit und einen möglichen Gedankentransfer über die Jahrhunderte. Entscheidend ist, dass die impliziten Bewegungspädagogiken beider Schriftsteller jeweils in Zeiten der revolutionären Hoffnungen formuliert wurden, mithin in Zeiten, die durch Bewegtheit der gesellschaftlichen Verhältnisse gekennzeichnet waren. Davon nicht unberührt bleiben auch die konkreten Bewegungen. Der Tanz, die Weisen des Gehens, das künstliche Schweben und das Gestikulieren erweisen sich vor diesen Hintergründen als politisch konnotiert. Nicht nur die Seelen, auch die Leiber suchten nach neuen Ausdrucksformen.

Abb. 58: Erich Heckel: *Seiltänzer*, 1953

Im Falle des Expressionismus wird diese Suche durch die Wirklichkeit zweier Weltkriege und des Faschismus unterbrochen. 1953 nimmt Heckel nochmals das Motiv des Seiltänzers auf (Abb. 58). Der Farbholzschnitt hat nicht nur die lebensbejahende Farbigkeit von ehedem eingebüßt, nun hat eine männliche Figur das Seil betreten. Schwarz wie die versammelten Schatten wirkt sie ebenso wie diese erstarrt, versunken in somnambuler Trance. Das Antlitz ist ausgemergelt, das des Gesellen am Gestell finster. Unter der Sonnen- oder Mondfinsternis hat sich kein Publikum versammelt. Nichts ist

22 Friedrich Schiller: Ueber Anmuth und Würde [1793], in: ders.: Sämtliche Werke, Bd. 5, München 1962, S. 433–488, hier: S. 447.

mehr von der Utopie leibsinnlicher Leichtigkeit der Frühzeit zu spüren. Der Seilgeher – ein Traumatisierter? Heckel geriet während der Hitler-Diktatur unter das Verdikt «entartet», was dazu führte, dass seine Bilder bei Bilderverbrennungen vernichtet wurden; hinzu kamen Bombenangriffe im Jahr 1944 auf Berlin, die Heckels Atelier mitsamt zahlreichen Arbeiten zerstörten. Ernst Ludwig Kirchner erleidet während seines Militärdienstes im Ersten Weltkrieg einen Nervenzusammenbruch, er wird morphiumsüchtig und entwickelt im Laufe seines Lebens ein pathologisches Misstrauen gegenüber Menschen und begeht 1938 Selbstmord. August Macke fällt im September 1914 im Alter von 27 Jahren an der Westfront.

Abb. 59: J.G.H. Ter Linden: *Abdallah Bentaga*, o. J.

Heroische Einsamkeit

Die literarische und bildnerische Verehrung der Seiltänzerinnen durch Frank Wedekind und die Expressionisten hatte unverkennbar auch erotische Züge. Zum expliziten Motiv wird die erotische Faszination – hier homosexuell geprägt – in einem Text Jean Genets. 1957 entsteht «Le Funambule» (Der Seiltänzer), ein Text, der als Prosagedicht bezeichnet wird, aber auch den Gattungen Essay, Kunstmanifest oder Liebesbrief zugeordnet werden kann.

1955 lernt der 46-jährige Genet den 18-jährigen Abdallah Bentaga kennen. Das ungleiche Paar verbringt die folgenden Jahre miteinander, in denen sich der Jüngere zu einem Seiltänzer ausbildet (Abb. 59). Genet unterstützt das Vorhaben Bentagas, Artist zu werden. Verfasst in emphatischer Rhetorik mit Du-Ansprache, erfüllt der Text die individualkommunikative Funktion einer Motivations- und Unterrichtungsrede.

«Le Funambule» ist innerhalb der Literatur die wohl längste und eingehendste Erkundung der Seiltänzerkunst. Genet ist anders als seine literarischen Vorgänger weit mehr als ein Zuschauer, als ein libidinös Involvierter bespielt er ganz andere Bedeutungsregister. Einhergehend mit der Verehrung für den Seilkünstler wird ein Begehren zum Ausdruck gebracht. Die Rede ist gespickt mit Forderungen an den Anderen, die ihn formen sollen und seine Liebenswürdigkeit herstellen. Die Idealisierungsbemühung schließt eine Identifikation ein: Der Artist und der Künstler, das Objekt und das Subjekt bilden ein Analogiepaar, wodurch das Gedicht nicht nur den Wahnaspekt der Liebe ausstellt, es erhält den Charakter eines kunsttheoretischen Bekenntnisses. In der impliziten Selbstreflexion ist ein dunkler Aspekt enthalten, der nicht mitgeteilt wird. Wie Edmund White in seiner umfänglichen Genet-Biografie ausführt, übernahm der Schriftsteller im Jahr der Niederschrift des Gedichts auch die Funktion des Managers und «Chefausbilders», obwohl er über keinerlei artistische Kenntnisse verfügte. Wie der Biograf darlegt, zeigte Genet ein ausgeprägtes Pygmalion-Syndrom, das durch Bentagas Wunsch, dem Gönner zu gefallen, Bestätigung fand. Der junge Mann entsprach dem Elfenbein, aus dem der Ovid'sche Künstler seine Traumfrau schnitzt. Genet, «verliebt ins eigne Gebilde»[1], erwies sich als Zuchtmeister, der äußerst streng mit Bentaga umging.[2] Der Körper wurde auf die Höhe des poetischen Mediums gehoben. Intimität und Macht bilden ein Unisono, aus dem eine harte Kunst entstehen sollte.

Die Stimme des lyrischen Ichs erklärt dem Schüler, dass er dem Eros zu dienen habe. Eingefordert wird jedoch nicht die Liebe zu einem Menschen, sondern zu einem Ding, dem Drahtseil:

> Du wirst es [das Seil] lieben mit einer beinahe fleischlichen Liebe. Jeden Morgen, bevor Du Dein Training beginnst, geh, wenn es aufgespannt ist und zittert, und gib ihm einen Kuß. Bitte es, Dich zu tragen und Dir Eleganz und fiebernde Erregung zu gewähren. Am Ende jeder Vorstellung grüße es und danke ihm. Und nachts, während es zusammengerollt in seinem Kasten ruht, besuche und liebkose es. Und lege sanft Deine Wange an seine.[3]

Der hohe lyrische Ton feiert das Zusammenspiel von Leib und Seil als Belebungs-, Gefahrens- und Begeisterungserfahrung. Wie ein Romantiker verleiht das Gedicht dem Material Seele und Energie, mehr noch, es weist dem Seil den Status des Subjekts zu, das den Artisten erzeugt: «Das Seil wird dich zum wunderbarsten aller Tänzer machen.»[4] Der Text malt das enthusiastische Bild der gekonnten Übungen, der Leuchtkraft und des Ruhms – um dann jedoch schlagartig die produktive Zweisamkeit mit einem Gegenbild zu kontern und zu ergänzen. Genet setzt ein nicht ausgewiesenes Zitat, ein zusammenhangloses Textfragment, das wie ein Nadelstich Schmerzen erzeugt: «... ‹eine tödliche Einsamkeit› ...»[5]

Der, der auf das Seil steigt, soll nicht den Blicken und Erwartungen des Publikums gehorchen, im Gegenteil, er soll sich in einer «wüstenhaften Ein-

1 Ovid: Metamorphosen, Stuttgart 1971, S. 324.

2 Edmund White: Jean Genet, München 1993, S. 547, 554.

3 Jean Genet: Der Seiltänzer, in: ders.: Gedichte, Werke in Einzelbänden, Band VII, Gifkendorf 2004, S. 149–191, hier: S. 149.

4 Ebd., S. 151.

5 Ebd., S. 153.

samkeit»[6] bewegen, aus der eine Halluzination aufsteigt. In ihr erscheint das Bild der Perfektion, das den Tanz regieren soll. War Nietzsches Seiltänzer noch befangen zwischen öffentlicher Anerkennung und Selbsterzeugung, Vorbild und Nachahmung, so entwirft Genet den Artisten als Künstler, der allein seinem Material – Körper und Seil – verpflichtet ist. Unvermittelt deutet der Text eine Trauma-Psychologie an: Das innere Bild entspringe einer unheilbaren Wunde, einem Verlassenheitsgefühl während der Kindheit. Aus ihr entwickele sich die Kraft zur Kühnheit und Geschicklichkeit. Genet schreibt an dieser Stelle gewiss auch über sich selbst; als Fürsorgekind konnte er kein Sicherheitsempfinden entwickeln. Das Schicksal bestimmte ihn zum Außenseiter, zum Dieb, Strichjungen, zum Psychiatrie- und Gefängnisinsassen. Inständig bittet das Gedicht-Ich den Artisten, sich nicht vom Leben gefangen nehmen zu lassen, denn «aus dem Abstand vom äußeren Leben zum strahlenden Auftritt» gehe eine «starke Spannung» hervor.[7] Aufgrund der Dissonanz von Kunst und Leben kann Genet sagen, dass im Künstler ein Toter wohnt, der nur im Licht der Kunst zu leben beginnt. Die «tödliche Einsamkeit»[8] ist das Gegenpostulat zur Avantgarde, die die Mauer zwischen Leben und Kunst einreißen wollte. Er scheint den Expressionisten nahe zu sein, wenn er den Zirkus als Ort preist, wo der Ausdruck als Existenzial zum Gesetz wird. War der Zirkus für die Maler noch Vorschein auf Daseinsrealisierung, ist er für den Schriftsteller unvermittelbarer Gegenort und Ausnahmezustand:

> Denn er [der Zirkus] ist außer der Poesie, dem Krieg und dem Stierkampf das einzige grausame Spiel, das es gibt. Die Gefahr erfüllt einen Zweck: Sie veranlaßt Deine Muskeln, eine vollendete Genauigkeit zu erreichen – der kleinste Irrtum würde Deinen Sturz, unheilbare Gebrechen oder den Tod herbeiführen, – und diese Genauigkeit ist die Schönheit Deines Tanzes.[9]

Soll man den Vergleich akzeptieren, dass Artist und Dichter ihre Existenz auf Leben und Tod ausrichten, dass sie sich im Krieg wähnen? Genet, ein Radikalästhetizist und Nietzsche-Verehrer[10], bezieht sein Modell aus der Ver-

6 Ebd.
7 Ebd., S. 159.
8 Ebd., S. 161.
9 Ebd., S. 161, 163.
10 White: Genet, S. 561.

achtung für die Normalität. Der Künstler wird in wiederkehrenden poetischen Schleifen als Feind, Brandstifter und Menschenverächter charakterisiert, der einer Ästhetik der Hässlichkeit gehorcht. Das Gedicht lobt die bis zum Ekel getriebene Maßlosigkeit des geschminkten Artistenkörpers und den Wahnsinn der Tat: «Wer, wenn er normal und bei Verstand ist, geht schon auf einem Seil oder drückt sich in Versen aus? Das ist zu verrückt.»[11] Ungeheuerlich, absonderlich und seltsam sollen der Künstler und das Werk zu sein. Genet fügt der Seiltänzer-Semantik eine neue Note hinzu: Das Faszinosum der Unnatürlichkeit soll bis zu dem Punkt der Abscheu getrieben werden, sodass eine Unüberbrückbarkeit zur Lebenswelt der Konsumenten entsteht. Das Lob der Verdammung, der Einöde und der Kommunikationslosigkeit der Produktion kann – paradoxerweise – nur vor Publikum gelingen. Indem die Zuschauer zu spüren bekommen, wie unerheblich sie für die Darbietung sind, entfaltet sich der Zauber der Kunst, die apotheotische Qualitäten aufweise.

Die Beschreibung der Performance des Liebhabers changiert zwischen Eloge und Wunschbild. Der Text erzeugt ein Objekt der Unnahbarkeit, einen phallischen «Narziss»[12], der nichts außer sich selbst wahrnimmt und der Vorstellung eines Ideal-Ichs gehorcht.

> Du bist das entflammte Wunder, Du brennst, Du dauerst nur wenige Minuten. Du brennst. Auf Deinem Seil bist Du der Blitz. Oder wenn Du abermals willst, ein einsamer Tänzer. Ich weiß nicht, was Dich entzündet, Dich erleuchtet, Dich verzehrt; es ist ein grauenhaftes Elend, das Dich zum Tanzen veranlaßt.[13]

Auch Nietzsche hatte den Übermenschen als «Blitz» bezeichnet, einen, der «aus der dunklen Wolke« kommt.[14] Die Konzeption überirdischer Plötzlichkeit und Entladung zielt auf Abwehr des Traumas und des Welteinerleis. Der Gegensatz aus Erhöhung und Elend, aus Blendung und Tristesse, Fest und Alltäglichkeit, aus Kunstvollkommenheit und Verzweiflung am Misslingen weist sado-masochistische Züge auf. Wiederholt evoziert Genet das Bild des Sturzes vom Seil, in dem sich die ersehnte Risikoexistenz wie auch der Wunsch nach oder die Angst vor Bestrafung und Erniedrigung verdichten. Die Gewalt des

11 Ebd., S. 165.

12 Ebd., S. 173.

13 Ebd., S. 177.

14 Friedrich Nietzsche: Also sprach Zarathustra [1883], München 2022, S. 21.

Textes, in dem dreißig Mal vom Tod die Rede ist, versetzt den Geliebten in eine Totalentfremdung, dem eine Sonderexistenz in einem ästhetischen Heterotopos zugedichtet wird. Die Behauptung, dass es erfülltes Dasein nur in der Kunst gäbe, enthält mehr Verzweiflung als hoffnungsfrohe Aussicht auf Erfahrungsreichtum. Die Unerbittlichkeit der Konzeption übt Gewalt auf den Seiltänzer aus. Genets Text folgt der ambivalenten Logik der Idealisierung: Das Objekt wird auf das Podest der Besonderheit gehoben, im gleichen Zuge jedoch seiner individuellen Wirklichkeit beraubt.

Als kunstpoetisches Manifest gelesen, erscheint das Gedicht wie ein nietzscheanisches Reenactment des Hymnus auf den «höheren Menschen». Auch Zarathustra gibt zu verstehen, dass er zwischen oben und unten, Himmel und Leiche sein Dasein eingerichtet hat: «Und als ich zu allen redete, redete ich zu keinem. Des Abends aber waren Seiltänzer meine Genossen, und Leichname […].» Daraus zieht er eine Lehre, die eine Abkehr vom Pöbel bedeutet: «Ihr höheren Menschen, dies lernt von mir: auf dem Markt glaubt niemand an höhere Menschen. Und wollt ihr dort reden, wohlan! Der Pöbel aber blinzelt: ‹Wir sind alle gleich.› […] Vor dem Pöbel aber wollen wir nicht gleich sein. Ihr höheren Menschen. Ihr höheren Menschen, geht weg vom Markt!»[15] Immerhin gründet Zarathustra in der Einsiedelei eine (krypto-schwule?) Bruderschaft, die er unterrichtet. In Genets Kunstideologie kennt der seiltänzerische Übermensch weder Gleichgesinntheit noch Gemeinschaft.

Aus psychologischer Sicht führt das Plädoyer für die Einsamkeit, die Herrlichkeit und den Narzissmus zu einem Abgrund aus Boshaftigkeit, Depression und Perversion. Die Lebensferne der heroischen Ideal-Isolation geht geradewegs auf ein tödliches Schicksal zu. Genets offensive Propagierung des Narzissmus, in dem der Künstler eine Beziehung zwischen sich als Übendem und Gestaltgebendem auf der einen Seite und dem Ideal-Ich-Bild andererseits eingeht, birgt das Doppel aus Selbstbelebung und Katastrophe. Wie der antike Mythos lehrt, steht Narziss unter dem Bann einer Illusion, in der der Andere eine prekäre Instanz darstellt. Das Schauen, das jedwede Wirklichkeit und Fremdheit ausschließt, mag mystische Ekstase bewirken, es vollzieht sich aber auch am Rand zum Nichts. Die Psychoanalytikerin Julia Kristeva nennt das Verfahren «den Ausschluß des Unreinen». Die Verliebtheit des Narziss in die

15 Ebd., S. 353.

«spiegelnde Reflexion des Einen»[16] basiert auf der Verkennung, dass es sich bei dem Wesen im Spiegel um einen realen Anderen handelt. Im Moment der Erkenntnis, die den illusorischen Schleier zerreißt, tötet sich Narziss. An die Stelle von etwas Begehrtem tritt die Leere.

Da das Kunstdogma behauptet, dass es im Realen keine Erlösung, kein Heil gäbe, erhält die Union aus Selbst und Ideal-Ich ein verhängnisvolles Übergewicht. Genets Unbarmherzigkeit der Forderungen einhergehend mit der wiederholten Todesdrohung besagt letztlich, dass der Prozess der Verinnerlichung des Bildes dem permanenten Druck des Scheiterns ausgesetzt ist. Die Erfahrung, dass das Ideal nicht zu erreichen ist, führt den Sturz in die Depression als permanente Möglichkeit mit sich. Kunst als Abwehrleistung, die den Schein aufrechterhalten muss, nötigt enorme Anstrengungen bis zur Grausamkeit ab. Ausschließliche Wirklichkeitsabstinenz ist nie zu erreichen.

> Tatsächlich ist Narziß nicht gänzlich ohne Objekt. Das Objekt von Narziß ist der psychische Raum; die Repräsentation als solche das Phantasma. Doch er weiß es nicht, und er stirbt. Wüßte er es, er wäre ein Intellektueller, ein Schöpfer spekulativer Fiktionen, ein Künstler, Schriftsteller, Psychologe, Psychoanalytiker.[17]

Das ausschließliche Verklammert-Sein mit der narzisstischen Religion des Selbst ist ästhetisch und damit der Flüchtigkeit und Fiktionalität unterworfen. Auch die Flucht in die Perversion in Gestalt des Fetischismus kann nicht vermeiden, dass Reales ins Spiel kommt. Die fleischliche Liebe zum Seil, die Genet seinem Schüler anrät, muss einen Kampf gegen den Eigensinn der Materie aufnehmen: «Du kannst versuchen, dein Seil zu bändigen. Aber nimm dich in acht. Das Eisenseil liebt Blut wie der Panther und wie das Volk, von dem man es sagt. Versuche also eher, es zu zähmen.»[18]

Das Thema der Uneinigkeit zwischen Kunst und erlebter Wirklichkeit, zwischen Ausdrucksbegehren und psychischer Befindlichkeit bliebe akademisch blutleer, würde man den biografischen Kontext unterschlagen. Genets Leben war unterteilt in Phasen enormer literarischer Produktivität und solchen der Depressionen und Suizidversuche, Abhängigkeit von Schmerz- und

16 Julia Kristeva: Geschichten von der Liebe, Frankfurt a.M. 2019, S. 109.

17 Ebd., S. 115.

18 Genet: Seiltänzer, S. 149.

Schlafmitteln sowie der Zwangssymptome.[19] Als er Bentaga kennenlernt, beginnt eine Zeit der intensiven Schaffenskraft. «Le Funambule» entspringt diesem Augenblick libidinöser Angeregtheit. Am Ende des Textes bekennt Genet jedoch: «All diese Ratschläge, die ich Dir gebe, sind vergeblich und töricht. Niemand wird sie befolgen können. Aber ich wollte nichts anderes als: Bei Gelegenheit dieser Kunst ein Gedicht schreiben, dessen Inbrunst Dir in die Wangen steigt. Es handelte sich darum, Dich zu entflammen, nicht Dich zu lehren.»[20] Das Eingeständnis, dass das Kunstideal nicht zu verwirklichen sei, aber ein Gedicht geschrieben werden könne, bringt komprimiert die verhängnisvolle Relation des Kunstseins in einer stumpfen Realität zum Ausdruck – und erscheint in der Rückschau wie eine Prophezeiung. Bentaga bemüht sich um Perfektion, doch nach mehreren Stürzen muss er sein Vorhaben, als Artist leben zu können, aufgeben. Genet schreibt in einem Brief, wie traurig ihn die Nachricht stimmt, dass Bentaga nie mehr das Seil wird besteigen können. In pygmalionischer Manier kommentiert er: «Mit Abdallah auf dem Seil ist mir eine Art Meisterwerk gelungen. Nun ist alles im Eimer.»[21] Nach und nach verliert Genet das Interesse an dem Geliebten und findet einen anderen Jungen, den er fördert. Offenbar erfüllte der Gestürzte nicht mehr die Rolle des repräsentativen Ideals. 1964 begeht Bentaga Selbstmord. Genet stürzt in eine lange Phase der Depression und Unproduktivität, 1967 unternimmt er einen Selbstmordversuch in Italien.

Was bei Nietzsche philosophisches Gedankenspiel war und von Genet zum Kunstdogma erhoben wurde, erweist sich in der lebenspraktischen Umsetzung als Trauerspiel. Das Pathos der künstlerischen Soloexistenz unterhält die Nachbarschaft mit der Pathologie der einsamen Seele. Kunst geht über in Tod, der Absturz aus der Höhe der Illusion endet in Lieblosigkeit. Die implizite Grausamkeit von «Le Funambule» wird nur behelfsmäßig vom stilistischen Funkeln des Textes verdeckt. Der Heroismus, den das Gedicht so flamboyant bewirbt, ist im Kern tragisch.

19 White: Genet, S. 546, 549.

20 Genet: Seiltänzer, S. 191.

21 Zit. n. White: Genet, S. 833. «Avec Abdallah sur le fil j'avais réussi une espèce de chef d'œuvre. Tout est foutu en l'air.»

Gegenwartsangst und Zukunftshoffnung

Es hat den Anschein, dass mit Jean Genets poetischer Reflexion das historisch angesammelte Sinnkapital an seine Entwicklungsgrenze gekommen war. Ein vergleichbares literarisches oder philosophisches Bedenken der Seiltänzerfigur hat seither nicht mehr stattgefunden. Muss man das Altern der Metapher konstatieren, weil andere Figuren, vor allem Raumfahrer und Hochleistungssportler, weit besser den dramatischen Zwiespalt zwischen heroischer Entgrenzung und Unvernunft, Leistung und Tragödie verkörpern konnten?

Es vergehen Jahrzehnte, bis der Seiltänzer wieder erscheint, nun in der Installations-, Medien- und Performance-Kunst. Die Künstlerinnen reagieren auf Gesellschaften, in denen die Subjekte neue und fordernde Erfahrungen aufgrund von Globalisierung, Digitalisierung, Medialisierung, Mobilisierung, Individualisierung, Eventisierung, Informierung und Akzelerierung machen. Beweglichkeit und Beobachtungskompetenz, Anpassungsfähigkeit und Einsamkeitsbeherrschung bilden die herausragenden Tugenden des übermodernen Menschen. Marc Augé schreibt:

> Sie [die Übermoderne] löst jenes Bild auf, wonach das Individuum wesentlich durch ein Netz sozialer Beziehungen bestimmt ist, das sich am Kreuzungspunkt von Abstammungslinien und Heiratsallianzen befindet, die durch eine lokale Norm streng definiert und codiert werden. Der Modernisierungsprozeß zielt voll und ganz auf die Individualisierung des Individuums, er strebt danach, es aus jenen Komplexen herauszulösen, die seinem Leben in der Beziehung und durch sie Sinn verleihen.[1]

Die Geschichte der Seiltänzer-Metapher hat gezeigt, dass die Figur stets das Deckbild eines definierten gesellschaftlichen Typus darstellte – vom Gauner bis zum Philosophen, vom künstlerischen Virtuosen bis zum Menschenführer

1 Marc Augé: Die Sinnkrise der Gegenwart, in: Andreas Kuhlmann (Hg.): Philosophische Ansichten der Kultur der Moderne, Frankfurt a.M. 1995, S. 33–47, hier: S. 39.

und zur Neuen Frau. Dem steht in der *surmodernité* eine veränderte Artisten-Metapher gegenüber, die auf ein soziales Zwischenwesen verweist. Das Ideal-Subjekt der veränderten Verkehrslagen zeichnet sich durch ein ent-setztes Dasein aus. Potenziell befreit von den Zwängen der Tradition, der Identität, des Raumes und sogar von den Nötigungen der Natur existiert es in Verhältnissen aus Haltlosigkeit und Haltungslosigkeit.[2] Der Mensch der Übermoderne lebt mit aufgerissenen Augen und überwacher Aufmerksamkeit – und wünscht sich Bilder herbei, die das Leben in einer zerklüfteten Wirklichkeit zur Anschauung bringen.

Die Figur auf dem schmalen, schwankenden Grund ist sinnbildlich für das Dasein in der räumlichen Distanz und für eine historische Stellung zwischen Vergangenheit und Zukunft. Die Enthobenheit des Funambulisten, sein anti-tellurischer, schwebender Charakter, die vorsichtigen Schritte und der Blick zwischen Himmel und Erde ergeben das Bild des sensiblen Weltfremdlings, der Festigkeit verloren hat oder der noch nicht an einem Ziel angekommen ist.

In vier Kunstprojekten wird der Seiltänzer neu erfunden und mit unterschiedlichen Qualitäten ausgestattet. Allen Arbeiten ist trotz formal-ästhetischer Differenzen gemeinsam, dass das Moment der Bewegung in Relation zu gegebenen Weltverhältnissen gesehen wird.

High Wire (2008) von Catherine Yass besteht aus vier Video-Projektionen, die eine Seilbegehung dokumentieren (Abb. 60). Die Szenerie ist eine Hochhaussiedlung in Glasgow. In neunzig Metern Höhe waren zwei Türme mit einem Stahldraht verbunden worden, das der bekannte Seilkünstler Didier Pasquette abzuschreiten beabsichtigte. Auf seinem Helm war eine Kamera befestigt, die Bilder von schwindelerregender Höhe mit Panoramaaussicht festhielt. Sein Blick gilt jedoch zuvorderst dem Anheben der Balancierstange und seinen Füßen. Man sieht, wie er mit den Zehen vorsichtig das Seil berührt, bevor er jeden Fuß darauf absetzt. Gemessen an den Umständen ist sein Gang durchaus geschwind, er vermittelt den Eindruck von Präzision und Konzentration, wobei der Fokus auf das gegenüberliegende Gebäude ausgerichtet ist. Die Ich-Perspektive wird ergänzt durch Aufnahmen, die Pasquette in halbtotalen und totalen Einstellungen zeigen. Nach etwa einem Drittel des Weges

2 Siehe dazu auch Gunnar Schmidt: Vortex. Faszinationsgeschichte der Haltlosigkeit, Göttingen 2025.

Abb. 60: Catherine Yass: *High Wire*, 2008

hält Pasquette inne, er scheint mit einem Problem konfrontiert zu sein, denn das Seil hat zu zittern begonnen. Kurz entschlossen geht er zügig rückwärts und erreicht sicher seinen Ausgangspunkt.

Die Figur wirkt im Ambiente der tristen Hochhäuser verloren. Kein Publikum ist zu sehen, das ihn bewundert, ihm applaudiert oder um ihn fürchtet. Die Videos legen es auch nicht darauf an, eine Sensation zu präsentieren. Kein Stadtgeräusch findet den Weg nach oben, allein das feine Rauschen des Windes ist zu vernehmen. Die abgebrochene Begehung des Himmels hat sich verabschiedet vom zirkushaften Glamour, vom Nimbus der kühnen Tat oder der Todesversuchung.

Die Verbindung zum architektonischen Kontext verleiht der Handlung ihren eigentlichen Sinnwert. Die Hochhäuser der Red Road wurde zwischen 1964 und 1966 erbaut und bildeten damals den höchsten Wohngebäudekomplex in Europa. Architektonischer Fortschritt sollte mit einem sozialen einhergehen, denn die Bauten waren Maßnahmen, um die Slums von Glasgow zu beseitigen. Inspiriert von den Ideen des Architekten Le Corbusier wurde dieser Traum von einer besseren Zukunft von der lokalen Bevölkerung begrüßt. Es erwies sich jedoch, dass die Imperative der Wirklichkeit mit dem Traum von der Höhe nicht zu beherrschen waren; der Komplex entwickelte sich zur Dystopie, denn soziales Elend, Verwilderung und Bandenkriminalität nahmen zu. Zum Zeitpunkt der Filmaufnahmen für *High Wire* lag bereits der kommunale

Beschluss vor, die Türme abzureißen. Catherine Yass kommentiert ihre Arbeit mit einer Modernitätskritik:

> High Wire is a dream of walking in the air, out into nothing. But it has an urban background and the high-rise buildings provide the frame and support. The dream of reaching the sky is also a modernist dream of cities in the air, inspired by a utopian belief in progress. Every time I see Didier turning back I remember hearing him shout, from where I was standing on another rooftop, ‹C'est pas possible!› But something was possible, he returned safely.[3]

In metaphorischer Lesart übernimmt der Seiltänzer die Rolle des geschichtlichen Risikoträgers, der die Grenzen des Fortschritts zu spüren bekommt. Ein kalter Wind weht aus der Vergangenheit, der den Sieg über die Materie verhindert. Noch befangen vom Antrieb zur Bewältigung der Höhe, gerät er in den Bann historischer Erfahrungen, die in versteinerter Form das Seil halten.

Die Video-Installation steht als Schattenbild hinter einem weitaus lichteren Medienereignis; zusammen bilden sie ein interikonisches Gegensatzpaar aus Schwärmerei und Widerstimmigkeit. 1973 wurde das *World Trade Center* mit seinen markanten *Twin Towers* fertiggestellt, ursprünglich geplant als die höchsten Gebäude der Welt und Ausdruck amerikanischer Grandiosität. 1974 kaperte der französische Hochseilartist Philippe Petit in einer Piratenaktion die Türme und lief ohne Sicherung achtmal von Dach zu Dach, bevor er von der Polizei festgenommen wurde (Abb. 61). 2008, im selben Jahr als Yass *High Wire* veröffentlicht wurde, erschien der Dokumentarfilm *Man on Wire* von James Marsh. Der preisgekrönte Film feiert den Coup Philippe Petits, ehrt das Ereignis in narrativer Ausführlichkeit, schmückt es mit Musik und befördert den Ruhm des Funambulisten. Die Dokumentation arrangiert in Parallelmontage den Bau der *Twin Towers* und das Leben des Artisten, konstelliert Kapitalismuskathedrale und Blondin'schen Sensationalismus.[4] Der

3 Zit. n. Sofia Karamani: Artwork Information. High Wire 2008, Catherine Yass [2011], online: https://www.tate.org.uk/art/artworks/yass-high-wire-t14384 (zuletzt aufgerufen 25.11.2025).

4 Die Mentalität, die Höhe zu bewältigen, ohne in Schwindel zu geraten, teilen Blondin und Petit miteinander. Selbstbeherrschung und Beherrschung der Welt gehen Hand in Hand, darauf weist Davide Deriu hin: «If Blondin's Niagara walk dared to defy nature at the point of its grandest fall, Petit's Twin Tower coup transposed the challenge onto the peaks of urbanized nature.» Taming Vertigo. Philippe Petit and the Subject of High-Wire Walking,

Abb. 61: James Marsh: *Man on Wire*, 2008

Regisseur konstruiert eine Metaphysik der vertikalen Raumbesetzung, aus der heraus sowohl der Bau als auch die Performance geboren wurden (Abb. 62). Das seiltänzerische Subjekt erscheint als Souverän, der jeden Widerstand überwindet – mit eulenspiegelhafter Frechheit, organisatorischer Kompetenz und artistischem Können. Petit spricht in dem Film enthusiasmiert von Träumen und Eroberungen, die zu realisieren, eine poetische Aufgabe darstelle; er preist die Missachtung der Regeln und die Fantasie vom schönen Tod bei der Ausübung der Leidenschaft.[5] In dem autobiografischen Bericht *To Reach the Clouds* (2002) mythisiert sich Petit in triumphalistischer Manier: «I stare proudly at the unfathomable canyon, my empire. My destiny no longer has me conquering the highest towers in the world, but rather the void they protect. This cannot be measured.»[6] 1982 widmet Paul Auster dem französischen Funambulisten einen Essay. Wie von Nietzsches und Genets Geist angehaucht, preist er Petit und dessen Kunst, die ihn über den gewöhnlichen Artisten erhebt. Der Künstler stehe im Dienst einer Aufgabe: «to create a sensation of

---

in: Ruth Anderwald, Karoline Feyertag, Leonhard Grond (Hg.): Dizziness. A Resource, Wien 2019, S. 118–136, hier: S. 127.

5 James Marsh: Man On Wire, 2008.

6 Philippe Petit: To Reach the Clouds. My High Walk between the Twin Towers. London 2002, S. 179–180.

Abb. 62: James Marsh: *Man on Wire*, 2008

limitless freedom».[7] Die Kunst übe Petit nicht wegen des Geldes aus, in ihrer Nutzlosigkeit erscheint sie Auster als eine Lehre der Reinheit: «[T]he high-wire is an art of solitude, a way of coming to grips with one's life in the darkest, most secret corner of the self […] one man's search for perfection.»[8] Auster scheut sich nicht, das Phantasma der absoluten Freiheit und Schuldlosigkeit auf die Figur zu projizieren: «A white body against a nearly white sky, as if free. The purity of that image burned itself into my mind.»[9]

Demgegenüber entbehrt *High Wire* des Heroismus, des Anarchismus, der Para-Religiosität und der futuristischen Weltbesteigung. Die Installation tritt als Nemesis auf, die die Realität hinter dem Glorienschein andeutet: die Opfer der Modernisierung, die Ödnis der verarmten Lebenswelt, das Scheitern der Pläne, die Zögerlichkeit. *High Wire* benötigt siebeneinhalb Minuten, um eine Bedenklichkeit anzumelden, während *Man on Wire* eineinhalb Stunden in die Monumentalisierung des Seilaktes investiert.

Aus dem metaphysischen Ideal sind zwei Hochhauskomplexe entstanden, die oppositionäre Wirklichkeiten zur Folge hatten. Die Wege der Seil-

7 Paul Auster: On the High Wire [1982], in: ders.: Collected Prose, London 2003, S. 436–443, hier: S. 438.

8 Ebd., S. 441.

9 Ebd., S. 443.

tänzer – der Traumflieger Petit auf dem einen Seil, der Vergeblichkeitstänzer Pasquette[10] auf dem anderen – kreuzen sich medial im Jahr 2008. Das neue Jahrtausend bringt Symbole des Bruchs hervor, durch die in der Rückschau das New Yorker Ereignis wie eine Phantasmagorie erscheint, eine unwirkliche Vergangenheit. Die Twin Towers fallen 2001 nach einem Terrorangriff in sich zusammen, die Wohntürme in Glasgow werden 2015 abgerissen. Die Trümmer sind Symbole des Ent-Setzens: Negation von metaphysischen und materiellen Setzungen sowie Erschrecken. Die Seiltänzer werden Opfer einer historischen Sinngebung, an der sie auch teilnehmen. Vor- und Nachgeschichte – 1960er- und 1970er-Jahre, 1982, 2001, 2008, 2015 – bilden ein Geflecht aus Gleichzeitigkeit und Ungleichzeitigkeit. Petit und Pasquette werden unbeabsichtigt zu «Engeln der Geschichte». Walter Benjamin hat dieser Allegorie in einer geschichtsphilosophischen These eine pessimistische Deutung verliehen. Der Engel schaut zurück in die Vergangenheit, «[a]ber ein Sturm weht vom Paradiese her, der sich in seinen Flügeln verfangen hat und so stark ist, daß der Engel sie nicht mehr schließen kann. Dieser Sturm treibt ihn unaufhaltsam in die Zukunft, der er den Rücken kehrt, während der Trümmerhaufen vor ihm zum Himmel wächst. Das, was wir den Fortschritt nennen, ist dieser Sturm.»[11] Benjamin reagiert mit seiner sinistren Zukunftsaussicht auf den Zweiten Weltkrieg und die Massenvernichtungen. Die Allegorie bewährt sich jedoch weiterhin, nur hat sich das Katastrophenbewusstsein seither gewandelt: Der Verlust an Zuversicht speist sich aus Nachrichten, die Mitteilung geben über die Gefährdung der globalen Lebensgrundlagen. Pasquettes Rück-Schritt, sein Scheitern gehorcht einer Vernunft, die Rücksicht nimmt und das Erzwingen als falsches Ideal verwirft.

Die Verwandlung von singulären Ereignissen in Metaphern, mit denen Weltverhältnisse versinnbildlicht werden, weist einen Zug ins Mythologische auf. Das, was man begreifen möchte, ist zu groß und wird zudem von unbeherrschbaren Affekten begleitet. Lebensweltliches Erleben findet oft in einer Aura statt, die Unbestimmtes enthält, was die Subjekte aber nicht davon abhält, sich nicht an das bekannte Wittgenstein'sche Gebot «Wovon man nicht sprechen kann, darüber muss man schweigen» zu halten. Die moderne Seiltän-

10 Didier Pasquette hat unter anderem bei Philippe Petit die Funambulistik studiert.

11 Walter Benjamin: Geschichtsphilosophische Thesen [1940], in: ders.: Zur Kritik der Gewalt und andere Aufsätze, Frankfurt a.M. 1971, S. 78–94, hier: S. 85.

zer-Metapher stellt eine symbolische Reaktion auf das Unwägbare der Prozesse und das Unausmessbare der Horizonte dar; in ihr wird das Beunruhigende aufgehoben, spürbar gemacht und gleichzeitig besänftigt. Hans Blumenberg zufolge gehört der Mythos «ursprünglich ganz in den Zweckzusammenhang der Befreiung von Furcht; am Ende ist er aber zugleich ein unerschöpfliches Reservoir für die Grundfiguren dessen, was schon in überständigen Ritualen und deren ästhetischem Reiz, in der Dichtung, in der Tragödie nur genossen werden kann.»[12]

Ein eindrückliches Beispiel für die Übergänge zwischen Ritual, Theater und mythischer Gestimmtheit liefert die Performance *Angst II* (2016) von Anne Imhof. Unter Einschluss des Publikums wurde die atmosphärisch dichte Handlung in der großen Halle des Hamburger Bahnhofs in Berlin durchgeführt. Anders als in der historisch und lokal kontextualisierten *High-Wire*-Performance wählte Imhof die Abstraktion als Mittel einer Stimmungsästhetik.

Die Platzierung im Museum war nicht darauf gerichtet, sich auf die Vergangenheit zu beziehen, der Gegenwartsbezug wurde durch die Ausstattung gewährleistet. Alltagsgegenstände waren im Spielraum verteilt worden und bildeten im Gegensatz zu dem Monumentalsinn der Hochhäuser kryptische Fragmente der Zusammenhanglosigkeit. Eine Besucherin berichtet:

> Viewers and performers stand by, present in the way that one is present while scrolling social media but not reacting. As such, and sharing a general dress code and age, bodies in ‹Angst› blend within a shared cool-kid millennial aesthetic scape: glass bongs and cartons of Marlboros, metal-show T-shirts, DIY tattoos, white to-go coffee cups, multipacks of Gillette shaving cream, metal vessels and black cords, and other signifiers that, amid the masses that fill the space and against the blank institutional walls, take on a kind of semiotic value; One is compelled, for instance, to project probably undue significance into cans of Diet Pepsi being opened, then poured out zombie-like against the wall, the cola pooling at the baseboard of the concrete floor.[13]

Gegen den Eindruck der Trivialisierung arbeitete Imhof an, indem dichter Kunstnebel, schneidende elektronische und mehrstimmige chorische Musik

12 Hans Blumenberg: Theorie der Unbegrifflichkeit, Frankfurt a.M. 2007, S. 27.

13 Gaby Tront: Sharing Angst, in: Texte zur Kunst, Nr. 104, December 2016, online: https://www.textezurkunst.de/de/104/104-sharing-angst/ (zuletzt aufgerufen 25.11.2025).

zum Einsatz kamen, die eine dunkle Sakralität vermittelten.[14] Umherfliegende surrende Beobachtungsdrohnen verliehen der Szene das Gefühl, in eine SF-Dystopie versetzt worden zu sein. Die Performer, ausgebildete Tänzer und Tänzerinnen mit jungen, schlanken Körpern, stellen über Stunden Pathosformeln dar. Zwischen konventionellen Posen und expressionistischen Verrenkungen wechselnd, erstarren die Körper für Momente. Trotz des gespielten Ausdrucks bleiben die Körper durchgängig cool; die Akteure zeigen mimisch jene Ausdruckslosigkeit, die man von Fashion Models kennt.[15] Das Publikum bleibt scheinbar ungerührt, wenn jemand stürzt oder Körper fortgetragen werden, als müssten Tote von einem Schlachtfeld geräumt werden. Die Heterogenität der *Tableaux vivants* ergibt keine Erzählung: «Die fehlende Perspektive, die radikale Abwesenheit einer einheitlichen Handlung spiegelt sich in den Bewegungen der Zuschauerinnen. Im – vom künstlichen Nebel in eine dichte Atmosphäre verwandelten – Raum verwirren sich die Wege, um zufällig auf ein Ereignis zu treffen, dort zu verweilen, um abermals umherzuirren.»[16]

Das Titelwort *Angst*, ein Wort, das in die *Lingua Franca* eingegangen ist und gleichzeitig eine urdeutsche Bedeutungswucht transportiert, signalisiert Pathos oder Neurose. Welche Wirklichkeit des Engseins gemeint ist, bleibt ungeklärt.

Über den Köpfen der Besucher und Performer ist ein Stahlseil gespannt, das abwechselnd von zwei Frauen bespielt wird. Sarah Lindermayer und Aniko Serfözö sind professionelle Artistinnen, die jedoch nicht ihr athletisches und anmutig-tänzerisches Können ausspielen. Ein Sicherungstau haltend, führen sie die Schritte langsam und sehr vorsichtig aus, weder riskieren die Frauen extravagante Figuren, noch gar Sprünge (Abb. 63). Einmal legt sich die Artistin auf das Seil, der Körper wirkt entspannt, beinahe schlafend. Wie bei Yass bricht eine Seiltänzerin den Gang ab und schreitet rückwärts zur

14 Dokumentationsvideo online: https://www.youtube.com/watch?v=iTouTX_QfKY (zuletzt aufgerufen 25.11.2025).

15 Imhof arbeitete für das Modelabel Burberry, ihre Partnerin und Performerin Eliza Douglas für Balenciaga.

16 Benedikt Merkle: Chaos und Balance. Anne Imhof – Angst II im Hamburger Bahnhof (2016), online: https://www2.hu-berlin.de/ausstellungskritik/anne-imhof/ (zuletzt aufgerufen 25.11.2025)

Abb. 63: Anne Imhof: *Angst II*, 2016

Plattform zurück. Die vollendete «Überschreitung», von der Imhof in einem *Artist Talk* anspielungsreich spricht[17], findet nicht statt. Die Geherinnen tragen keine Showkleidung, offensichtlich ist es Absicht, die Akteurinnen nicht als Varietésterne erscheinen zu lassen. Sind sie Stellvertreterinnen von all jenen, die sich in Unsicherheit wähnen? Oder im Gegenteil die Antithese zum irdischen Chaos, Descartes'sche Balancierende, die «mühelos über das Chaos hinweggehen» und es verstehen, eine Organisation durchzuhalten.[18] Es gehört zur künstlerischen Strategie, Sinnanmutungen zu platzieren und gleichzeitig zu unterlaufen. Dies zeigt sich auch in dem ausführlichen Gespräch mit der Kuratorin, in dem fast ausschließlich künstlerische Formfragen besprochen werden. Kein Wort über die Angst, über die außerkünstlerischen Aspekte der Angst, über die Frage nach der Angemessenheit der Darstellungsmittel und über deren Wirkungen, keine Frage nach der Rolle der Seilartistinnen.

Imhof erwähnt, dass sie Bildersammlungen erstellt, die sie als Material für die eigene Bildfindung nutzt. Sie lässt nicht wissen, um welche Bilder es

17 Volkswagen ART4ALL Online Edition. Gespräch mit der Künstlerin Anne Imhof (2020), online: https://www.youtube.com/watch?v=si6qGCUgoU0 (zuletzt aufgerufen 25.10.2025).

18 Merkle: Chaos und Balance.

sich handelt, was darauf zu sehen und zu erkennen ist, wie das Dargestellte in die Performance Eingang findet. Die Konstruktion aus irdischer Verlorenheit in der Masse und überirdischer Individualität ruft allerdings William Hogarths *Southwark Fair* (Abb. 13) in Erinnerung. Auch auf diesem Bild war die Figur des Seilartisten auf eigentümliche Weise schwer deutbar – zugehörig und doch abgesondert. Die dargestellte Jahrmarktsgesellschaft des 18. Jahrhunderts ähnelt der heutigen Performance-Gemeinschaft, denn in beiden dominiert Bedrückung.

Dem erhobenen Subjekt ist kaum Ordnungsmacht zu unterstellen, eher ist es Unberührtheit. Die Inszenierung, die Imhof als Oper bezeichnet, will ein neo-bohèmehaftes Lebensgefühl unter den Bedingungen der übermodernen Kondition veranschaulichen. Das «Kraftwerk der Gefühle»[19] arbeitet mit Übertreibungen, die in diesem Fall jedoch nicht das melodramatische Subjekt stilisieren, sondern eines der kalten, Angst abwehrenden Posen. Die Evokation einer Verhängnisstimmung ist im Hinblick auf eine implizierte Entwicklung bedeutungsoffen, weil weder die Ahnung einer Erlösung noch einer Katastrophe vermittelt wird. Die Seiltänzerinnen bleiben von dieser Leerstelle nicht unberührt, denn über sie lässt sich vor allem sagen, was sie nicht verkörpern – autonome Subjekte, Künstler, Träger von Tugenden oder Untugenden, Vorbilder, Virtuosen, Möglichkeitsandeuter, Todessehnsüchtige, Schmetterlinge oder Anarchisten. Was sie auszeichnet, ist ihre Sicherungsbedürftigkeit und Ziellosigkeit, worin sie sich letztlich als Wesen ohne Realität ausweisen. Vor der Metapherngeschichte des Seiltanzes wirkt die *Angst*-Performance wie ein Vergessen. Die Entkopplung von der historischen Codierung geht einher mit Vorstellungen vom Ende der Geschichte und der Geschichten. Soll man die zur Oper stilisierte Leere als künstlerische Schwäche bewerten oder als Ausdruck des Leidens am Nihilismus und als Kritik an der Übermoderne interpretieren?

Kritik als intentionales künstlerisches Anliegen findet sich in *Tidal Balance* (2024) von Ruth Anderwald und Leonhard Grond. Das siebenminütige Experimentalvideo nimmt sich Charles Blondin, den Seiltänzerstar des 19. Jahrhunderts, zum Thema.[20] Zeichnet sich die Entwicklung der historischen

19 Eine Bezeichnung Alexander Kluges für die Oper.

20 Ruth Anderwald, Leonhard Grond: Tidal Balance (2024), online: https://www.on-dizziness.com/resources-overview/tidal-balance (zuletzt aufgerufen 25.11.2025).

Semantik, beginnend im 16. Jahrhundert, dadurch aus, dass sich die Seilgeherei allmählich aus dem Stand der Gesetzlosigkeit und Amoralität befreien konnte, um zur vollen künstlerischen Praxis aufgewertet zu werden, wird sie bei Anderwald und Grond wieder dem Verdikt der Tugendlosigkeit unterworfen.

In die Kategorie *experimentell* fällt das Video, weil das filmische Dispositiv offensiv ausgestellt wird: Ein Großteil des Films besteht aus Material, das das stürzende Wasser der Niagarafälle zeigt. Bewusst gesetzte Verwacklungen, Unschärfen und Bildüberlagerungen verfremden das dokumentarische Material und es entsteht der Eindruck von nervöser Belebtheit. Zur Befestigung der Illusionsstörung dient auch der künstliche Rahmen mit angedeuteter Optikverschmutzung und Perforationsloch – Anspielungen auf alte Filmtechnik. Analog zu diesen ästhetischen Irritationen erklingt ein Soundtrack, der in der Hauptsache aus Geräuschen einer Trompete besteht – rauschendes Atmen, Schmatzen, Gurgeln, Röcheln. Diese nach traditionellen Maßstäben Unmusik wird im Schlussteil durch einzelne Naturgeräusche ergänzt, Vogelzwitschern, Schritte auf knisterndem Waldgrund.

Blondin, der als erster Mensch die Niagara-Schlucht auf dem Seil überquert hat (Abb. 64), wird nicht als historische Gestalt behandelt, wie er auch nicht im Bild erscheint. Der Name genügt, um ihn als Symbolfigur der Herrschaft und der Ausbeutung von Menschen und Natur erstehen zu lassen. Den flatterigen Bildern ist eine weibliche Off-Stimme unterlegt, die in ruhigem Ton das Urteil über Blondin spricht:

Abb. 64: William England: *Charles Blondin auf dem Hochseil über dem Niagara River,* 1859

Charles Blondin, the French man, [...] a white male, a conquerer of space, mastering nature, the victor of gravity, balancing with a pole or stick, stick in the mud. Only you were able to pull it off with a promise of a chiss. Only you were allowed to draw this line over this abyss, this abyss of cruelty, this abyss of nature, this abyss became your victory [...] One step at a time, pole in hand, balancing, it isn't your balance, it isn't your victory from which we should learn, it is the persis-

> tence of the people who suffered your cruelty and those of others, it is the persistence of those people that allowed your victory. [...] You should give it back to them, you should all give it back to them, because it's their balancing act that allows us to live.

Mit dem letzten Satz erscheint im Bild der nackte Fuß einer jungen Frau. Der Fuß ist das sensible Organ, das mit Bildern der Vegetation verbunden wird. Die Pflanzenbilder unterbrechen wiederkehrend jene mit dem gewalttägigen Wasserfall. Mit dem Bildwechsel ändert sich auch die Tonlage der Stimme, die nun Verse der kanadischen Dichterin Marie-Andrée Gill vorträgt. In lyrischen Metaphern thematisiert das Gedicht den Gegensatz von Natur und Kultur, Flucht und Kolonialismus, Indoktrination und Selbstbewusstsein.

> the lake eats away a little more cement with bleeding gums
> and I want this whole thing over with
> like that first french kiss on the rampart [...]
> day and night the dandelions push
> through cracks in the cement
> and before us, the lake
> a luck
> the lake.[21]

Gill ist eine Indigene Kanadas, ein gesellschaftlicher Tatbestand, auf den in der Dichtung angespielt wird. Für *Tidal Balance* ist dieses (im Video nicht genannte) Faktum bedeutsam, es fügt sich in das oppositionäre Schema des Videos. Man möchte glauben, dass Frank Wedekind den gedanklichen Paten gespielt hat, denn die kulturdifferenzierenden Qualitäten von Maskulinität und Feminität bildeten den Grundstock seiner «vergleichenden Ästhetik». Anderwald/Grond erweitern das Konzept zu einer grundlegenden Politik.[22]

---

21 Marie-Andrée Gill: The Rampart, zit. n. Tidal Balance. Das englische Wort *french* in der französischen Originalfassung wird von Kristen Renee Miller mit «French Kiss» (Zungenkuss) ins Englische übersetzt. Anderwald/Grond unterschlagen das Wort «Kiss». Der Sinn des Gedichts wird damit nicht entstellt, jedoch propagandistisch vereindeutigt. Dass der erste Zungenkuss als unangenehm erfahren wurde, schließt die metaphorische Bedeutung der kulturellen Invasion nicht aus. Die englische und französische Textversionen online: https://www.passagesnorth.com/passagesnorthcom/2020/1/31/four-poems-by-marie-andre-gill-translated-by-kristen-renee-miller (zuletzt aufgerufen 25.11.2025).

22 Damit ist nicht ausgesagt, dass Anderwald/Grond Kenntnis der Wedekind'schen Texte hatten.

Abb. 65: Ruth Anderwald, Leonhard Grond: *Tidal Balance*, 2024

Die textliche Zweiteilung des Videos und die kontrastierenden Naturbilder enthalten einen Widerstreit: Auf der einen Seite steht der alte weiße Mann (alt auch im Sinne seiner Historizität), der zu jener Nation gehört, die im 17. Jahrhundert das Land der Indigenen kolonialisierte und Neufrankreich nannte. Er ist der Mensch der Erhebung, der Werkzeugnutzung, der Unterwerfung und *showiness*. Auf der Gegenseite steht die junge indigene Dichterin, die mit den Franzosen «fertig werden will». Sie zeichnet sich durch Naturverbundenheit, Empfindsamkeit, Friedfertigkeit und Authentizität aus. Das poetische Ich wird im Video gedoubelt: An einer Stelle des Videos erscheint für einen kurzen Moment die junge Frau, von der zuvor nur die Füße und Beine zu sehen waren; sie ist die einzige menschliche Gestalt des Videos. Auch sie steht auf einem Seil. Die Montage versetzt sie in die Fiktion einer Niagara-Überquerung (Abb. 65). Anders als Blondin hält sie keine mächtige Stange in den Händen, die ihr Sicherheit gibt, wie sie auch ihre Füße nicht mit Schuhen schützt; ihr dünnes Seil unterscheidet sich vom dicken Kabel Blondins und sie trägt kein zirzensisches Glitzerkostüm. Subtil und nicht auf den ersten Blick erkennbar speist sich *Tidal Balance* aus der Diskurswelt aktueller künstlerischer, antikolonialistischer, identitärer und feministischer Milieus. Anderwald/Grond lassen Seiltänzer und Seiltänzerin zum Kulturkampf antreten – und beziehen eine klare Position.

Die Seiltänzervisionen von Yass, Imhof und Anderwald/Grond unterscheiden sich ästhetisch, medial und stimmungshaft. Und doch teilen sie das verbreitete Bewusstsein, das die Ideale des Westens einer unerbittlichen Dialektik unterliegen: Die seit der Renaissance vielfältig unternommenen Bestrebungen der Weltzivilisierung verkehren sich in ihr Gegenteil. Theodor W. Adorno und Max Horkheimer haben dieses Entwicklungsgesetz mit dem Titel *Dialektik der Aufklärung* versehen und zu zeigen versucht, «wie die Unterwerfung alles Natürlichen unter das selbstherrliche Subjekt zuletzt gerade in der Herrschaft des blind Objektiven, Natürlichen gipfelt. Diese Tendenz ebnet alle Gegensätze des bürgerlichen Denkens ein, zumal den der moralischen Strenge und der absoluten Amoralität.»[23]

Die hoffnungsverlorene Gestimmtheit hat demnach ihre Ursache in systemisch angelegter Horizontverdunkelung. Mögen auch Innovationen, vor allem technischer Art, die Beherrschung der Lebensumstände versprechen, so ist ebenso ein Verlust an Fortschrittsglauben zu verzeichnen, wenn man unter *Fortschritt* einen Zuwachs an Gerechtigkeit, Konvivialität der Natur gegenüber und Friedfertigkeit versteht.

Es ist bemerkenswert, dass ein Kunstwerk mit ausgeprägter Optimismusintention von einer chinesischen Künstlerin erarbeitet wurde. Totalitäre Kontrolle der Gesellschaft, eingeschränkte individuelle Freiheiten, Zensur und staatskapitalistische Aggressivität böten genügend Nährboden für eine dystopische Kunst. Angela Sus mehrteilige Arbeit *Arise*, die 2022 den Pavillon Hongkongs auf der *Venedig Biennale* bespielte, war als große Zirkusmetapher angelegt, die nicht nur Bezug auf die Geschichte der Funambulistik nahm, sondern vor allem das Fantasiepotenzial der Luftgeherei entfaltete.[24] Kernstück des Pavillons war das Video *The Magnificent Levitation Act of Lauren O.* Bis auf die Schlusssequenz besteht die Arbeit aus der Montage von historischem FilmMaterial, das alle möglichen Weisen der Himmelseroberung zeigt: Ballonfahrten, Raketenstarts, Flugzeuge, Raumkapseln, Fallschirme,

23 Theodor Adorno, Max Horkheimer: Dialektik der Aufklärung, Amsterdam 1947, S. 10–11.

24 Inside ‹Angela Su: Arise, Hong Kong in Venice› (2022), online: https://www.youtube.com/watch?v=fATuwCT5cm4 (zuletzt aufgerufen 25.11.2025)

Abb. 66: Postkarte, 1915

Vogelflug, Trapezkünstler, ekstatische Tänze, psychedelische Visionen, Telekinese und nicht zuletzt Seiltänzerinnen und Seiltänzer. Die Off-Stimme der Künstlerin erzählt die Geschichte der Lauren O und erzeugt mit diesem literarischen Kniff den Anschein, als handele es sich bei dem Video um eine Dokumentation. Lauren O, eine Artistin, die von sich behauptet, über die Fähigkeit zur Levitation zu verfügen, ist jedoch ganz und gar fiktiv. Su verwischt Bilder der Wirklichkeit und der Irrealität, um aus der Dimension des Historischen das Noch-Nicht hervorgehen zu lassen. Lauren O ist ein Mensch, der im Himmel etwas sucht – «freedom or the ecstasy of self-transcendence or pushing on limits to achieve the impossible». Indem Su ihrer Hauptfigur eine Psychose zuschreibt, kann sie unbehelligt von Rebellion und dem Wunsch, eine eigene Wirklichkeit zu erschaffen, sprechen. Die Erzählung handelt jedoch nicht nur von sonderbaren und außergewöhnlichen Grenzgängern, sie bekommt einen politischen Inhalt durch die Erwähnung einer anarchistischen Aktivistengruppe. Die Erzählerin behauptet, dass sich Lauren O dieser Gruppe angeschlossen habe, die von Fern Andra gegründet worden sei und deren Mitglieder ausschließlich aus Artisten bestünden. Fern Andra hat tatsächlich existiert, sie war eine US-amerikanische Schauspielerin und Seiltänzerin (Abb. 66). Die Passage über Andra illustriert Su mit Filmschnipseln, die verschiedene Seiltänzer bei der Ausübung ihrer Kunst zeigen. Für Su sind diese Levitierten gesellschaftliche Außenseiter, die auf der Grenze von Leichtigkeit und Schwere, Risiko und Sicherheit leben. «Their daring confrontation with danger is a defiant act against the state. Being in the liminal space is the only way to survive in the

Abb. 67: Angela Su: *The Magnificent Levitation Act of Lauren O*, 2022

topsy-turvy world.» Dieses Sprechen mag einen Rest Nietzscheanismus enthalten, vor allem jedoch deutet sich darin die Identifikation mit Fern Andra an. Mit dieser Figur kann Su die Rolle der Künstler in einer Gesellschaft thematisieren, die von einem begrenzenden Staat reguliert wird. Die Hoffnung, dass das Kollektiv der Künstler in der Lage ist, gesellschaftsstürzende Effekte zu produzieren, erhält Nahrung durch die Gegenkulturen der 1960er-Jahre, die im Verlauf der Geschichte allerdings in Terrorismus und psychischer Deformation enden. Angela Su rekapituliert diese Geschichte und zieht mit ihren letzten Sätzen ein scheinbar depressives Resümee: «We thought we had a chance. What goes up must come down, that is the sacred law of gravity. But now we must quietly wait for our time to rise again. In the meantime, we will lie flat, eat dirt, and sleep.» Die Seiltänzerin ist nicht gestürzt, aber die Träume von unbeschwertem Sein sind verflogen. Su lässt ihr Video mit einer magischen Performance enden, die nicht gänzlich der Niedergedrücktheit verpflichtet ist. Su liegt am Boden und gebiert aus ihrem Mund eine kleine Discokugel, die in der Luft zu tanzen beginnt. Su selbst wird an einem Seil hochgezogen und hängt kreiselnd in einer schalldichten Kammer (Abb. 67). Eine Gefesselte und doch Enthobene, eine Vereinsamte, die dem Traum die

Abb. 68: Angela Su: *Tiptoeing the Kármán Line*, 2022

Treue hält? Der sich langsam drehende Körper wird am Ende von der funkelnden Discokugel überblendet – Leib wird Licht.

In einem weiteren Raum des Pavillons hängen fünfzehn Monitore. Auf drei Gruppen verteilt wird altes Filmmaterial von Tänzern, Trapezartisten und Seiltänzern gezeigt (Abb. 68). Der Titel dieser Arbeit lautet *Tiptoeing the Kármán Line* (2022). Die Kármán-Linie ist eine definitorische Festlegung, mit der die Grenze zwischen Erdatmosphäre und Weltraum bezeichnet wird. Für Su fungiert sie als Metapher für das Grenzgängertum. Mit der expliziten Referenz auf die Geschichte der Funambulistik, sowohl im Video als auch in der Video-Raum-Installation, setzt die Künstlerin das gedankliche Sediment, in dem das utopische Moment konserviert ist. Von Goethe über Wedekind bis hin zu Nietzsche und den Expressionisten war die Idee einer sich selbst erzeugenden Befähigung zur Erlösung von den beengenden Natur- und Gesellschaftskräften im Bild des Seiltanzes formuliert worden. Die Künstlerin aktualisiert das ideelle Reservoir, auch unter Einschluss des feministischen Aspekts, der teils untergründig, teils vordergründig zur Geschichte der Funambulistik gehört. Lauren O und Fern Andra sind die Apotheosen der Liminalität, in ihnen vereinen sich Physis, Physik und Psychedelik.

Angela Sus Stellung als Hongkong-Chinesin lädt zu einer Spekulation ein: Wie in ihrem Namen Ost und West zusammentreffen, so bildete die Metropole lange Zeit die Grenzregion zwischen freier Marktwirtschaft, Autonomie und Meinungsfreiheit einerseits und kommunistischer Diktatur andererseits. Seit 2014 wird das ursprünglich vertraglich festgelegte Prinzip des *Ein Land, zwei Systeme* unterminiert. Die Schlussbemerkung in *The Magnificent Levitation Act of Lauren O* darf als Kommentar gehört werden: «But now we must quietly wait for our time to rise again.» Das Titelwort *Arise* ist mehrfach konnotiert, es setzt nicht nur das Phänomen der Levitation oder den artistischen Akt in der Zirkuskuppel in Sprache, es ist auch als Imperativ zu lesen, das zur Erhebung im Sinne des Aufruhrs oder der Revolte aufruft: Erhebt euch, steht auf. Indem Angela Su in Bild und Wort dem Motiv der Seiltänzerin eine zentrale Stellung zuweist, kommt nicht zuletzt ein selbstreferenzielles Moment zum Tragen: Das Kunstwerk wird zum politischen Seilakt, der zwischen Risiko und Vorsicht ausgeführt werden muss.

Abbildungsverzeichnis

1. Foto: Gunnar Schmidt
2. https://www.rihs.org/robots-in-providence (zuletzt aufgerufen 25.11.2025)
3. https://de.wikipedia.org/wiki/Fechthaus_(Nürnberg) (zuletzt aufgerufen 25.11.2025)
4. Johann Amos Comenius: Orbis Sensualium Pictus, Noribergea 1664, S. 270
5. Adriaen Pietersz van der Venne: Tafereel van de belacchende Werelt, In's Graven-Hage, 1635, S. 69
6. Johann Theodor de Bry: Emblemata secularia, 1596, o.S.

7/8. https://austria-forum.org/af/Geography/Europe/Denmark/Pictures/Surrounding_Copenhagen/Kronborg_Castle_-_Inside_2 (zuletzt aufgerufen 25.11.2025)

9. Staatliche Schlösser und Gärten Baden-Württemberg, Schloss Rastatt Favorite

10/11. Hermann Bote: Ein kurzweiliges Buch von Till Eulenspiegel aus dem Lande Braunschweig [1515], Frankfurt a. M. 1984, S. 33, 35

12. https://id.rijksmuseum.nl/200224574 (zuletzt aufgerufen 25.11.2025)
13. https://www.metmuseum.org/art/collection/search?q=hogarth (zuletzt aufgerufen 25.11.2025)
14. https://commons.wikimedia.org/wiki/File:Rembrandt_De_aartsengel_verlaat_Tobias_en_zijn_gezin._1637.jpg (zuletzt aufgerufen 25.11.2025)
15. https://www.metmuseum.org/art/collection/search/368372 (zuletzt aufgerufen 25.11.2025)
16. https://www.rijksmuseum.nl/nl/collectie/object/Cromwell-als-koorddanser-1652--1a1f8fcc5d7bab57ad61551c92e4b20d?query=Cromwell+als+Koorddanser,&collection-SearchContext=Art&page=1&sortingType=Popularity (zuletzt aufgerufen 25.11.2025)
17. https://www.rijksmuseum.nl/nl/collectie/object/Spotprent-op-de-nederlaag-van-de-Engelsen-in-de-slag-bij-Kijkduin-1673--9081cd72c274c87406e2ab9718869ee?query=Spotprent+op+de+nederlaag&collectionSearchContext=Art&page=1&sorting-Type=Popularity (zuletzt aufgerufen 25.11.2025)
18. Jonathan Swift: Voyages de Gulliver dans des contrées lointaines, Vol. 1, Paris 1838, S. 41
19. Actes des apôtres, Volume 2, November 10, 1789 (Frontispiz)

20. https://www.parismuseescollections.paris.fr/fr/musee-carnavalet/oeuvres/actualites-187la-prusse-commencant-a-comprendre-qu-elle-ne-pourra-pas (zuletzt aufgerufen 25.11.2025)
21. https://www.parismuseescollections.paris.fr/fr/musee-carnavalet/oeuvres/sauteurs (zuletzt aufgerufen 25.11.2025)
22. https://malmstroem-museum.de/portraetfoto-von-wilhelm-kolter (zuletzt aufgerufen 25.11.2025)
23. https://commons.wikimedia.org/wiki/File:Morisot_-_DANSEUSE_DE_CORDE,_1886.jpg (zuletzt aufgerufen 25.11.2025)
24. https://collection.theatermuseum.at/objekte/charles-blondin-602177 (zuletzt aufgerufen 25.11.2025)
25. Pierce Tempest: The Cryes of the City of London Drawne after the Life, London 1688, o.S.
26. https://www.britishmuseum.org/collection/object/P_1871-1209-3334 (zuletzt aufgerufen 25.11.2025)
27. https://de.wikipedia.org/wiki/Datei:Madame_Saqui_(1786_-_1866)_dancing_on_a_tightrope_in_a_costume_and_feather_headdress_(coloured).jpg (zuletzt aufgerufen 25.11.2025)
28. https://collections.vam.ac.uk/item/O763666/descent-of-madame-saqui-surrounded-print-kelly-thomas/ (zuletzt aufgerufen 25.11.2025)
29. https://www.metmuseum.org/art/collection/search/436119 (zuletzt aufgerufen 25.11.2025)
30. https://commons.wikimedia.org/wiki/File:Anonymous_-_L%27Estrade_-_J_9_-_Musée_Cognacq-Jay.jpg (zuletzt aufgerufen 25.11.2025)
31. Nicolas-Edmé Restif de la Bretonne: Les Contemporaines graduées: ou Aventures des Jolies-Fammes de l'age actuel, suivant la gradacion des principaus Etats de la Société: Douzième, ou Quarantedeuxième Volume: XVII, Paris 1785, S. 380.
32. https://www.artic.edu/artworks/50435/la-danseuse-de-corde-the-tight-rope-walker-furnishing-fabric (zuletzt aufgerufen 25.11.2025)
33. https://www.rijksmuseum.nl/nl/collectie/object/Koord-danssers-en-springers--db83699500403bbab406bf375bacfa91?query=Koord-danssers+en+springers&collectionSearchContext=Art&page=1&sortingType=Popularity (zuletzt aufgerufen 25.11.2025)
34. https://sammlung.wienmuseum.at/objekt/127519-madame-romanini-la-sylphide-aerienne/ (zuletzt aufgerufen 25.11.2025)
35. https://artsandculture.google.com/asset/mountebank-1844-robert-turner-active-1844/3wGgckhmeNMxkA (zuletzt aufgerufen 25.11.2025)
36. https://www.artic.edu/artworks/110867/tight-rope-walker (zuletzt aufgerufen 25.11.2025)
37. Jugend, Nr. 46, 1903, Titel

38. https://picryl.com/media/wilhelm-simmler-auf-dem-hochseil-be033d (zuletzt aufgerufen 25.11.2025)
39. Die Aktion. Wochenschrift für Politik, Literatur, Kunst, 5. Mai 1917, Sp. 249
40. Courtesy Tate Gallery
41. Hermine Demoriane: The Tightrope Walker, London 1989, Frontispiz
42. https://commons.wikimedia.org/wiki/File:The_Rope_Dancer_(Henri_de_Toulouse-Lautrec)_-_Nationalmuseum_-_25885.tif (zuletzt aufgerufen 25.11.2025)
43. Staatliche Museen zu Berlin, Kupferstichkabinett, Ident. Nr.: KdZ 26633
44. https://commons.wikimedia.org/wiki/File:Tightrope_Walk_by_Ernst_Ludwig_Kirchner.jpg (zuletzt aufgerufen 25.11.2025)
45. https://www.themorgan.org/drawings/item/283259 (zuletzt aufgerufen 25.11.2025)
46. https://recherche.smb.museum/detail/828017/drei-drahtseilartisten-mit-springseil-und-schirmen (zuletzt aufgerufen 25.11.2025)
47. Staatliche Museen zu Berlin, Kupferstichkabinett, Ident. Nr.: KdZ 26613
48. Staatsgalerie Stuttgart, Invent. Nr. L 808
49. Staatsgalerie Stuttgart, Graphische Sammlung, Invent. Nr.: A 1977/DKM, Gr. 412
50. https://www.rotermund-kunsthandel.de/images/thole_rotermund_katalog_no5-(6A0CB8BF-AF07-1004-8237-871068991234).pdf, S. 19 (zuletzt aufgerufen 25.11.2025)
51. https://www.mutualart.com/Artwork/Drahtseilprobe/EE8647854C73C5C7 (zuletzt aufgerufen 25.11.2025)
52. https://www.moma.org/collection/works/34691 (zuletzt aufgerufen 25.11.2025)
53. https://www.kunstmuseum-bonn.de/de/sammlung/sammlung-online/kunstwerke/seil-taenzer-1914/ (zuletzt aufgerufen 25.11.2025)
54. https://commons.wikimedia.org/wiki/File:August_Macke_Seiltänzer.jpg (zuletzt aufgerufen 25.11.2025)
55. http://www.zeno.org/Kunstwerke/B/Macke,+August%3A+Seiltänzer,+Häuser+im+Hintergrund?hl=august+macke+seiltanzer (zuletzt aufgerufen 25.11.2025)
56. https://de.wikipedia.org/wiki/Datei:Nelly_und_sidi.jpg (zuletzt aufgerufen 25.11.2025)
57. https://www.bruecke-museum.de/de/sammlung/werke/61717/drahtseilartisten-mit-seil-und-schirm (zuletzt aufgerufen 25.11.2025)
58. https://www.metmuseum.org/art/collection/search/369275 (zuletzt aufgerufen 25.11.2025)
59. Edmund White: Jean Genet, München 1993, S. 640, Bildteil
60. Copyright Catherine Yass, Exhibition: Falling Away, 2021 (Foto: Nick Gordon-Smith)

61/62. James Marsh: Man on Wire, DVD

63. cinekarmakar, https://www.facebook.com/cinekarmakar/photos/pb.100070124738-181.-2207520000/1103683593055247/?type=3 (zuletzt aufgerufen 25.11.2025)

64. https://commons.wikimedia.org/wiki/File:William_England_-_Blondin_crossing_Niagara_river.jpg (zuletzt aufgerufen 25.11.2025)
65. © Ruth Anderwald + Leonhard Grond and Cinédoc Paris Filmscoop, 2024
66. https://www.flickr.com/photos/truusbobjantoo/31839370227/sizes/o (zuletzt aufgerufen 25.11.2025)
67. https://www.labiennale.org/en/art/2022/eventi-collaterali/angela-su-arise-hong-kong-venice https://darz.art/en/magazine/news--angela-su--venice-biennale-2022/834 (zuletzt aufgerufen 25.11.2025)
68. https://darz.art/en/magazine/news--angela-su--venice-biennale-2022/834 (zuletzt aufgerufen 25.11.2025)

Personenregister

Danksagung

Dieses Buch hätte ohne die großzügige mäzenatische Unterstützung von Beate Ludwig und die aufmerksame Lektüre des Manuskripts durch Anett Holzheid und Monika Begemann-Deppe nicht in dieser Form erscheinen können. Den drei Freundinnen gilt mein aufrichtiger und herzlicher Dank.

Das Signet des Schwabe Verlags ist die Druckermarke der 1488 in Basel gegründeten Offizin Petri, des Ursprungs des heutigen Verlagshauses. Das Signet verweist auf die Anfänge des Buchdrucks und stammt aus dem Umkreis von Hans Holbein. Es illustriert die Bibelstelle Jeremia 23,29:
«Ist mein Wort nicht wie Feuer, spricht der Herr, und wie ein Hammer, der Felsen zerschmeisst?»